Johannes Forster

Wenn Kindern die Luft ausgeht

HERDER / SPEKTRUM

Band 4329

Das Buch

Asthma, Bronchitis, Krupp, Husten und Atemnot – viele Eltern kennen sie, diese so häufigen Erkrankungen und Gesundheitsstörungen ihrer Kinder, die nicht nur für den kleinen Patienten eine arge Belastung sind und schon oft für manch schlaflose Nacht gesorgt haben. Was sich dagegen ganz praktisch tun läßt und was es grundsätzlich zu beachten gilt, damit es möglichst gar nicht erst zu solchen Erkrankungen und Beschwerden kommt, darüber gibt dieses Buch Auskunft.
Es informiert sachkundig und verständlich über die wichtigsten Atemwegserkrankungen von Kindern, erklärt ihre Ursachen und Symptome, erläutert die therapeutischen Möglichkeiten des Arztes und sagt vor allem, was Eltern selbst tun können, um ihrem Kind zu helfen. Kurzum: Ein rundum nützliches Buch, das hilft, Ängste abzubauen und die „alte" Lebensqualität zurückzugewinnen und zu erhalten.

Der Autor

Prof. Dr. Johannes Forster ist Facharzt für Kinderkrankheiten und Oberarzt an der Universitäts-Kinderklinik in Freiburg i.Br., wo er u.a. die Ambulanz für Allergie- und Lungenkrankheiten leitet. Wissenschaftlich beschäftigt er sich vor allem mit der Erforschung von Allergien, insbesondere mit den Folgen von Infektionen der Luftwege für die Ausbildung von Allergien sowie mit dem Einfluß von Luftschadstoffen auf die Atemwege von Kindern. Zur Zeit leitet er eine Studie über die Auswirkungen des Ozons auf die kindlichen Atemwege. Prof. Forster ist verheiratet und hat vier Kinder.

Johannes Forster

Von Asthma bis Krupp – eine ärztliche Sprechstunde für Eltern und Kinder

Herder
Freiburg · Basel · Wien

Originalausgabe

Herstellung: Freiburger Graphische Betriebe 1994
Umschlaggestaltung: Joseph Pölzelbauer
Umschlagfoto: Barbara Kreye © Gruner u. Jahr Fotoservice
ISBN 3-451-04329-7

Inhalt

Luftverschmutzung, Luftschadstoffe

Seltene Notfälle

Einleitung

Der „Odem des Lebens“ ist als Begriff wohl das beste Sinnbild dafür, wie eng seit jeher das Atmen mit Leben gleichgesetzt wurde. Dieser wichtigsten, von außen sichtbaren Körperfunktion widmet sich dieses Buch. Es behandelt speziell das Atmen und die Störung der Atmung bei Kindern. Dies aus drei wichtigen Gründen:

1) Ab der Neugeborenenzeit stabilisiert sich die Atmung des Kindes in ihrem Rhythmus und allen anderen Qualitäten. In diese Zeit fallen aber auch die häufigsten Erkrankungen, insbesondere die Infektionen der Atemwege. So ist es oftmals nicht ganz leicht, in jeder gegebenen Lebenssituation zu wissen, ob eine Atmung noch den Notwendigkeiten des Kindes entspricht oder schon bedrohlich verändert ist.

Hinzu kommt, daß die Familien heute eher klein sind, einmal der Zahl der Kinder wegen, zum anderen auch, weil meist nur zwei Generationen zusammen sind. Es fehlt damit den Eltern ein Stück Lebenserfahrung, gewonnen an eigenen Kindern oder aus den Erfahrungen der Großeltern. Unkenntnis und Unsicherheit verursachen dann oft Angst, die sich auf das Kind mit Atemnot überträgt und seine Situation noch verschlimmert.

Hier will das Buch eine Hilfe geben, indem es Eltern zeigt, wie sie – auf der Basis des allgemeinen anatomischen Wissens – den gesunden Menschenverstand zur richtigen Beurteilung ihres Kindes mit hinzuziehen können. Die Situation des Kindes soll ihnen möglichst klar werden. Bei begründeter Furcht vor einer schweren Erkrankung sollte jedoch immer der Kinderarzt oder das Krankenhaus aufgesucht werden. Ohnehin muß sich jegliche Behandlung an dem speziellen Problem des jeweiligen Kindes orientieren.

2) Luftwegs-Erkrankungen, hier insbesondere Asthma, sind diejenigen, die im Kindesalter zu den häufigsten Krankenhausaufenthalten und insgesamt zu den längsten Schulfehlzeiten führen. Dies liegt u.a. daran, daß als erfolgreich erkannte Behandlungsmethoden nicht konsequent angewendet werden. Hier wird allerdings auch ein Mangel der Schulmedizin deutlich: nämlich der Mangel an Zeit, um mit den betroffenen Menschen – Eltern und Kindern – zu reden. Eltern und Kinder werden eine Behandlung nur dann durchführen, wenn in Ruhe die Art der Erkrankung, die Wirkungsweise der Behandlung und ihre Anwendung besprochen werden. Dies kann aber, wie viele Kinderärzte beklagen, im gegenwärtigen Medizinbetrieb nicht mehr erreicht werden. Hier will das Buch, soweit beschriebenes Papier ein persönliches Gespräch ersetzen kann, eine Hilfe sein, vor allem auch bei den Fragen, die sich schon vor dem oder bei weiterem Nachdenken über das Gespräch mit dem Arzt ergeben.

3) Daß die Art der Luft, die wir und unsere Kinder atmen, in hohem Maße Einfluß auf unsere Gesundheit haben, ist seit dem Altertum bekannt; jedoch sind wir erst heute in der Lage, kleinste Mengen an – gegebenenfalls auch gesundheitsschädigenden – Luftbeimengungen zu messen. Für den *verständigen Umgang* mit dieser Art Meßwerten möchte ich eine Hilfe geben. Jeder, der durch schockierende Meldungen in den Medien zunächst beunruhigt und aufgeregt sein mag, sollte sich immer wieder die folgenden Fragen stellen und mit den ihm zugänglichen Informationen beantworten können:

a) Wie groß ist die angegebene Gefährdung im Vergleich zu dem bisher Bekannten?

und:

b) Welches sind – gemessen an Aufwand und Wirkung – die effektivsten Maßnahmen?

Ohne den später folgenden Einzelheiten hier vorgreifen zu wollen, besteht doch im Bereich der praktischen Maßnahmen ein wesentliches Problem ganz offensichtlich darin, daß vom Staat, das heißt von der Gemeinschaft, Dinge verlangt werden, die einfach deswegen nicht erbracht werden können, weil dazu notwendigerweise jedes einzelne Mitglied der Gemeinschaft etwas tun müßte. Daß die Umweltqualität auch etwas mit persönlichem Verzicht zu tun hat, vor allem auch im Bereich der sogenannten Lebensqualität, wird eben nur langsam akzeptiert.

Liebe Eltern, liebe Leser, vielleicht animiert Sie dieses Buch – neben seinen Informationen über die wichtigsten Atemwegserkrankungen von Kindern und ihre Behandlung – in diesem Sinne auch dazu, über diejenigen Ursachen von Krankheiten nachzudenken, die in unserer jetzigen, in jeder Hinsicht sehr bequemen, doch leider nur allzu oft ungesunden Lebensweise zu suchen sind.

Was Sie über die Entwicklung und den Aufbau der Atemwege und der Lunge wissen sollten

Die Nase

Die Nase ist nicht nur der wichtigste, sondern auch der richtige Atemweg für eine normale Atmung. Sie hat vier Funktionen:

1) *Die eingeatmete Luft wird angefeuchtet.* Sehr trockene Luft entsteht beispielsweise im Winter innerhalb geheizter Räume. Die Nasenschleimhaut kann dann oft die Luft nicht genügend anfeuchten. Die Nase selbst fühlt sich trocken an. Das Fehlen ausreichend befeuchteter Luft führt am Kehlkopf zu rauher Stimme und Hustenreiz in den tieferen Atemwegen.

2) Die Luft wird angewärmt. Dies ist eine wichtige Funktion im Winter und vor allem beim Asthmatiker, bei dem kalte und trockene Luft Asthma-Anfälle auslösen kann.

3) *In der Nase wird die Luft von Schwebstoffen weitgehend gereinigt.* Die Schleimhaut der Nase trägt in der obersten Schicht Zellen, die im Schleim und mit feinen Wimperhärchen Schwebstäube fangen können. Diese mikroskopisch kleinen Wimperhärchen befördern dann die eingefangenen Stäube in der Schleimschicht zum Rachen

hinunter. Von dort läßt sich der schmutzbeladene Schleim durch Ausspucken entfernen.

4) *Oben im Nasenrachen sitzt auch das Riechorgan des Menschen.* Schadstoffe, insbesondere Gase, die sich am Geruch erkennen lassen, werden so frühstmöglich wahrgenommen.

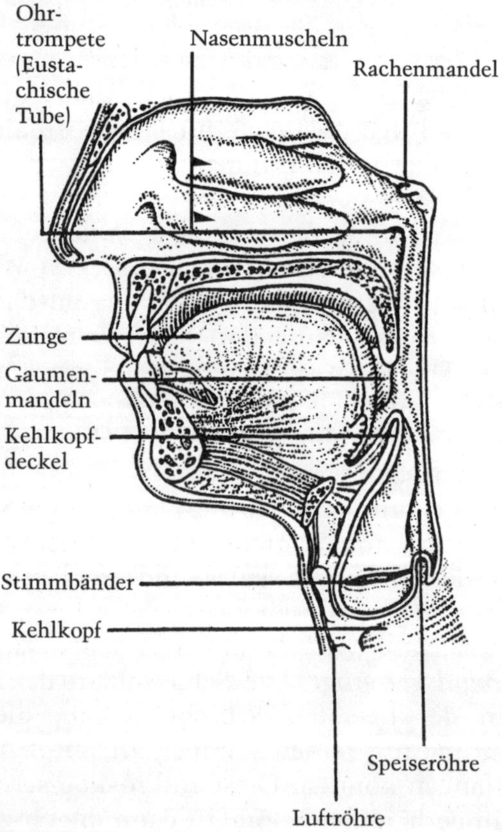

Abb. 1: Schema der oberen Luftwege

Lufträume, die mit der Nase im Zusammenhang stehen

Die Nasennebenhöhlen

Die Kiefer- und Stirnhöhle sind die großen Nasennebenhöhlen, kleinere gibt es noch im Sieb- und Keilbein, also schon im Bereich der Schädelbasis.

Die großen Nasennebenhöhlen entwickeln sich erst im Laufe des Kleinkindes- und Schulalters mit dem Wachstum der Schädelknochen. Die Nebenhöhlen sind mit Schleimhaut ausgekleidet. Ihre Luft und ihr Sekret wird über die Nase entleert. Bei Infektionen der Nase können die Nebenhöhlen ebenfalls angesteckt werden oder ihre Eingänge können durch Schleimhautschwellung verschlossen werden. Dann können in dem Schleim, mit dem die Nasennebenhöhle sich langsam anfüllt, die Bakterien wuchern. Die Nasennebenhöhle vereitert.

Zugang von der Nase zum Mittelohr

Vom hinteren Nasenraum aus gibt es auf jeder Seite einen Gang (eustachische Tube) zum Mittelohr. Dieser Gang hat hinten oben eine Wand aus Knochen und wird vorne unten von Muskeln begrenzt. Dieser muskuläre Teil wird beim Schlucken angespannt, wobei sich besagter Gang öffnet. Diese regelmäßige Öffnung des Ganges ist sehr wichtig. Sie ermöglicht nämlich den Druckausgleich zwischen Mittelohr und Umwelt, da das Mittelohr nach außen ja mit dem Trommelfell verschlossen ist.

Allgemein bekanntes Beispiel sind hierfür Berg- und Talfahrten sowie Aufstieg und Landung von Flugzeugen. Werden die hierbei auftretenden Druckunterschiede zwischen äußerem und Mittelohr nicht rasch ausgeglichen (z. B. durch Kaugummikauen oder Bonbonlutschen), tritt eine Minderung des Hörvermögens durch die schlechteren Schwingungseigenschaften des Trommelfelles auf. Besteht dieser Zustand länger fort, erzeugt der dauernde Druck im Mittelohr sogar Schmerzen.

Die Tube läßt außerdem Sekret aus dem Mittelohr abfließen. Bleibt Sekret im Mittelohr, führt dies zu schlechterem Hören und ist – wie bei den Nebenhöhlen – oftmals die Grundlage einer eitrigen Infektion.

Die Rachenmandel

Als ein wichtiges Organ der Immunabwehr sitzt im hinteren oberen Nasenraum die Rachenmandel, die bei normaler Funktion überhaupt nicht wahrgenommen wird. Ist sie jedoch geschwollen, ist von Polypen, Mediziner sprechen auch von adenoiden Vegetationen, die Rede. Diese Schwellung kann vorübergehend bestehen, ausgelöst durch eine Infektion, oder bei größeren Kindern im Rahmen von allergischen Reaktionen. Die Rachenmandel kann jedoch auch bei entsprechender Reizbarkeit dauernd vergrößert sein und die Nasenatmung und den Zugang zur Tube behindern.

Wird die Nasenatmung behindert, werden alle oben beschriebenen Funktionen der Nase zur Bereitstellung einer gesunden und angenehmen Atemluft wegfallen, da die Mundorgane all diese Funktionen nicht übernehmen können. Außerdem ist das Schwingungsverhalten der Luft beim Sprechen beeinträchtigt, so daß eine veränderte Sprache entsteht. Letztlich kann es durch die Verlegung der Tubeneingänge auch zu den oben schon beschriebenen Folgen am Mittelohr (Sekretstau mit Schwerhörigkeit und Entzündungsbereitschaft) kommen.

Was Sie wissen müssen

Die Nasenatmung ist die natürliche Atmung. Über die Nase wird das Mittelohr belüftet. Eine ständig geschwollene Rachenmandel behindert das optimale Atmen und kann zu Hörstörungen führen.

Kehlkopf

Der Kehlkopf ist eine knorpelige Röhre, in der die Stimmbänder aufgehängt sind. An seinem vorderen Oberrand steht nahezu senkrecht ein zungenförmiges Gebilde – der Kehldeckel. Auf diese Weise kann der Kehlkopf seine zwei wichtigsten Funktionen erfüllen:

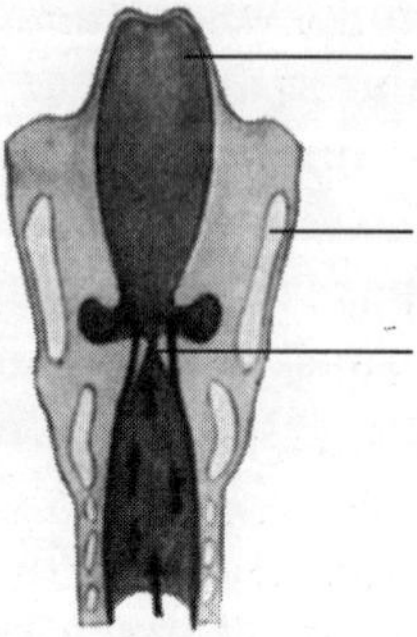

Abb. 2: Schematische Darstellung des Kehlkopfes mit eingezeichneter Stimmbandbewegung beim Sprechen. Beide Stimmbänder werden durch Luftbewegungen bei der Ausatmung in Schwingungen versetzt

1) *Abdichten der Luftwege beim Schlucken:* Hierbei wird der Kehlkopf automatisch nach vorne oben gezogen. Dieser Reflex klappt den Kehldeckel herunter und schließt die Luftwege. Währenddessen gelangen Speisen und Getränke über die Zungenwurzel und am Kehlkopf vorbei in die Speiseröhre.

Der Schluckreflex schützt normalerweise vollkommen davor, daß Speisen oder Fremdkörper in die Atemwege geraten. Trotzdem kennt fast jeder das „Verschlucken". Dies kann dann auftreten, wenn willkürlich Dinge getan werden, die einen offenen Kehldeckel benötigen (z. B. Sprechen) zu einem Zeitpunkt, wo gerade der Schluckreflex eingesetzt hat.

Gefährdet für das Einatmen von Speisen und Gegenständen sind insbesondere Kranke mit rascher Atmung. Hier läuft der Schluckreflex für die schnelle Atemfolge zu langsam ab. Gefährdet sind aber auch alle Menschen, deren Bewußtsein so getrübt ist, daß die Reflexe langsam oder nicht mehr normal ablaufen.

2) An der Stimmritze, die aus den zwei Stimmlippen besteht, wird die Luft beim Ausatmen in Schwingungen versetzt. Aus diesen Tönen werden dann durch verschiedene Einstellungen der oberen Luftwege (Gaumen, Zunge, Zähne, Lippen) die Laute gebildet, aus denen sich die Sprache zusammensetzt.

Der Kehlkopf ist insgesamt die engste Stelle der Luftwege. Schleimhautschwellungen in diesem Bereich werden also sehr schnell zu wichtigen Atemhindernissen. Die Stimmritze bildet die engste Stelle eines nach unten offenen Trichters. Deshalb gelangt bei Kehlkopfverengung (z. B. Krupp) die Luft aus dem Brustkorb besser hinaus (der Trichter wird von unten aufgedrückt) als hinein.

Was Sie wissen müssen

- Der Kehlkopf ist die engste Stelle der Atemwege
- Verengung dort führt zu Problemen bei der Einatmung
- Sich-Verschlucken tritt besonders leicht auf bei rascher Atmung, Erschrecken und bei Bewußtseinstrübung.

Worauf Sie achten sollten

- „Ziehende“ Geräusche beim Einatmen zeigen ein ernstes Problem am Kehlkopf an.
- Niemals jemandem mit sehr rascher Atmung oder getrübten Bewußtsein etwas einflößen!
- Kleinkindern nichts geben, was sie beim Erschrecken einatmen könnten (Erdnüsse).
- Kleinkinder nicht im Laufen essen lassen, nicht beim Essen herumalbern!

Die Luftröhre und Bronchien

Luftröhre und große Bronchien haben zur Stabilisierung ihrer Wände Knorpelringe. Nach innen folgt dann eine Muskelschicht, danach die Schleimhaut. Diese Schleimhaut enthält wieder solche Flimmerhärchen tragende Zellen, wie wir sie schon aus der Nase kennen. Die rasche Bewegung der Flimmerhärchen zum Transport von Staubteilchen geht hier in Richtung Kehlkopf. Außerdem enthält die Schleimhaut Schleimdrüsen und Schleimdrüsenzellen. Der Schleim ist normalerweise bestens dazu geeignet, daß sich die Flimmerhärchen darin bewegen, und die Staubteilchen auf ihm schwimmend Richtung Kehlkopf befördert werden. Erst wenn solche mit Schmutz beladenen Schleimmengen in der Luftröhre sind, können sie erfolgreich ausgehustet werden.

Die Schleimhaut enthält aber auch noch Nervenenden, die Schleimhautreizungen wahrnehmen können und dann veranlassen, daß auf der Ebene des unwillkürlichen (d. h. nicht willentlich beeinflußbaren) Nervensystems Änderungen in allen Bereichen der Bronchialwand auftreten: in Muskeln, Schleimhaut und Schleimqualität.

Auch andersartig spezialisierte Zellen finden wir in der Schleimhaut. Sie können Fremdmaterial (z. B. Krankheitserreger) erkennen und eine entsprechende Immunantwort in die Wege leiten.

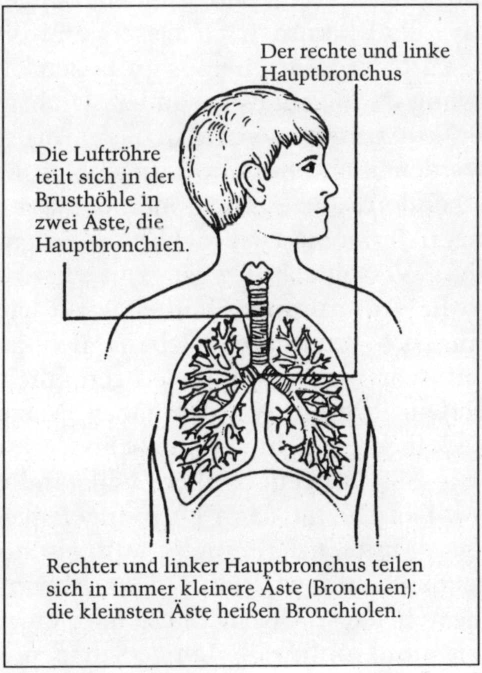

Abb. 3: Die Luftwege insgesamt

Andere Zellen sind empfindlich für Störungen allgemein (Infektionen, Schadstoffe, Allergene). Diese setzen dann auf die Störung hin Botenstoffe frei, die in der Lage sind, eine große Vielfalt und Menge weiterer Zellen aus dem Blut anzulocken. Diese sollen eigentlich die entstehende Entzündungsreaktion zum guten Abschluß bringen, führen jedoch manchmal (z. B. beim Asthma) zu einer Verstärkung der an sich erwünschten Abwehrreaktion, die in diesem Falle dann selber Schaden hervorruft.

Die Atmungsfunktion der Bronchien besteht ja darin, die eingeatmete Luft zu den Lungenbläschen (Alveolen) kommen zu lassen und die verbrauchte Luft wiederum heraus zu lassen. An diesem Vorgang ist folgendes besonders wichtig:

Bei der Einatmung weitet sich der Brustkorb. Dabei werden nicht nur die Lungenbläschen erweitert, sondern auch die Bronchien. Bei insgesamt engen Bronchien ist daher die Einatmung begünstigt. Verschlechtert ist zunächst hauptsächlich die Ausatmung. Hierbei wirkt die Verkleinerung des Brustraumes eben auch auf die Bronchien, vor allem auf diejenigen, die keine Knorpel mehr in ihren Wänden haben. Manchmal sind die kleinen Bronchien dann schon verschlossen, bevor die Lungenbläschen vollständig entleert sind. Dort bleibt dann Luft eingefangen, die Lunge insgesamt enthält mehr Luft als normal. Wir sprechen dann von einer *Überblähung* der Lunge. Besteht diese Überblähung über einen längeren Zeitraum, nimmt die Lunge Schaden, später auch das Herz.

Lungenbläschen

Die Lungenbläschen sind das Ziel der eingeatmeten Luft. Sie kommt dort, nur durch eine dünne Zellwand getrennt, mit dem Blut in Kontakt. Sie gibt Sauerstoff ab, nimmt Kohlensäure auf und muß dann durch Atmen wieder gegen frische Luft ausgetauscht werden.

Man mag sich nun fragen, wieso bei der Beatmung eines Bewußtlosen die Ausatemluft, mit der ja beatmet wird, überhaupt einen Nutzen haben kann. Ganz einfach: Beim gesunden Menschen und bei einem normalen Luftdruck ist in der Ausatemluft immer noch so viel Sauerstoff, daß der Körper auch daraus noch genügend Sauerstoff ins Blut übernehmen kann.

Weiter oben wurde schon von der Überblähung der Lunge gesprochen, die auf einer ungenügenden Entleerung der Lungenbläschen beruht. Diese ungenügende Entleerung hat wichtige Nachteile.

1) Im akuten Zustand verbleibt mehr verbrauchte Luft im Lungenbläschen als dies normalerweise der Fall ist und es kann nur wenig frische dazukommen. Deswegen reichert sich die Kohlensäure im Lungenbläschen an und – weil sie dort nicht herauskann – auch im Blut. Das Blut wird durch die Kohlensäure tatsächlich sauer. Die Folge: Die Stoffwechselvorgänge im Körper funktionieren nicht mehr so gut. Darüber hinaus haben sehr hohe Kohlensäure-Konzentrationen im Blut dazu noch einen bewußtseinstrübenden Effekt.

Sinngemäß gilt das gleiche für die Sauerstoffaufnahme. Diese ist durch Mangel an Frischluft vermindert, der Sauerstoff fehlt dem Körper bei der inneren, der sogenannten *Zellatmung*, so daß letztlich alle Teile des Körpers Schaden nehmen können.

2) Falls solche starken Effekte mit Sauerstoffmangel und Anhäufung von Kohlensäure nicht auftreten, kann unbemerkt über längere Zeit eine Überblähung der Lungen bestehen. Dies tritt am häufigsten bei Asthmatikern ein und kann nur durch Lungenfunktionstests sicher ausgeschlossen werden.

Diese chronische Überblähung führt zur Überdehnung der Wand der Lungenbläschen und zerstört dabei die Wände der Lungenbläschen. Dadurch wird auf die Dauer die Gewebsfläche verkleinert, an der die Luftgase gegen die Blutgase ausgetauscht werden können. Das heißt: Die Atmungsfähigkeit der Lunge nimmt ab. Bei der Zerstörung der Wände gehen auch die darin befindlichen kleinsten Blutgefäße (Kapillaren) zugrunde. Es gibt weniger Blutgefäße, das Herz muß mehr Druck aufwenden, um das gesamte Blut durch die verbliebenen Gefäße hindurchzupressen. Es tritt eine Belastung, später Überlastung des Herzens ein. Im medizinischen Sprachgebrauch heißt diese Art der Lungenschädigung *Emphysem*. Bei der eben beschriebenen Wirkung auf das Herz spricht der Arzt von einer *Rechtsherzbelastung* und im chronischen Zustand von einem *Cor pulmonale*.

Was Sie wissen müssen

Störungen an den Bronchien (entzündete Schleimhaut) und Lungenbläschen (Überblähung) können ohne Krankheitsgefühl bestehen.

Was Sie tun sollten

- **Für die Bronchien: Belastung mit Schadstoffen möglichst niedrig halten**
- **Nie in Anwesenheit des Kindes rauchen!**
- **Gesunderhaltung: Kein Stubenhocken; also viel Spiel und Sport!**
- **Bei allen chronischen Lungenerkrankungen: Regelmäßige Lungenfunktionsprüfungen durch den Kinder- oder Lungenfacharzt!**

Krankheitszeichen und erste Hilfe

In diesem Kapitel werden die häufigsten, mit Erkrankungen der Luftwege verbundenen Krankheitszeichen besprochen. Genaugenommen: Wie sie entstehen, was sie bedeuten, und welche notwendigen Maßnahmen zu ergreifen sind.

In den verschiedenen Lebensaltern treten bestimmte Erkrankungen verschieden häufig auf. Entsprechend bedeuten auch die Krankheitszeichen mitunter etwas verschiedenes. Kinder der unterschiedlichen Altersgruppen haben dabei unterschiedliche Ausgangsbedingungen:

– Das Neugeborene hat von seiner Mutter Antikörper im Blut erhalten, den sogenannten *Nestschutz*. Gestillte Säuglinge erhalten dazu noch Abwehrstoffe (Antikörper und Abwehrzellen) auf die Schleimhäute des Mundes, Rachens und Darms. Das Stillen schützt darüber hinaus auch – in einer bisher nicht genau verstandenen Form – vor Erkrankungen, die sich in Bereichen abspielen, wo die Muttermilch nicht hinkommt. Das erklärt, warum in der Neugeborenen- und frühen Säuglingszeit Infektionserkrankungen eher selten sind.

– Der Säugling ist weiter dadurch von den älteren Kindern unterschieden, daß er überwiegend liegt und Milch, d. h. flüssige Nahrung erhält.

Sehr viele Kinder spucken auch, d. h. ein Teil des Mageninhaltes kommt regelmäßig wieder bis in den Mund zurück. Von dort kann er eingeatmet werden und akute Atemnot, Bronchitis und Lungenentzündung hervorrufen.

– Ältere Säuglinge und Kleinkinder haben ihren Schutz durch mütterliche Antikörper verloren, sie sind oft mit Kindern gleichen Alters tagaus tagein zusammen. Gerät in eine solche, für Erkrankungen empfängliche Gruppe ein Krankheitserreger, so wird er in Form einer kleinen Epidemie alsbald alle Mitglieder erfassen. Das führt dazu, daß in diesen Jahren jedes Kind jährlich fünf bis zehn Infekte, meist Luftwegs-Infekte durchmacht. Beileibe nicht alle diese Infekte müssen mit Fieber und schwerem Kranksein einhergehen, ein gut Teil wird nahezu ohne jede schweren Krankheitszeichen verlaufen, z. B. in Form eines Schnupfens.

Abgesehen von den sehr wenigen Kindern mit meßbaren Immundefekten sind wir heute noch nicht in der Lage, die sogenannte *Infektanfälligkeit* hinreichend zu erklären oder zuverlässig zu behandeln. Infektanfälligkeit bedeutet wahrscheinlich nur, daß diese Kinder bei der gleichen Anzahl von Infekten deutlichere Krankheitszeichen bieten, als sie beim Durchschnitt aller anderen Kinder auch gefunden werden. Es gibt im übrigen keinerlei Beweis dafür, daß Kinder, die Infektionen mit höherem Fieber und deutlicheren Krankheitszeichen als andere durchmachen, ein schwächeres Immunsystem haben. Insgesamt haben sie, auf das weitere Leben gesehen, weder Vor- noch Nachteile gegenüber dem Durchschnitt.

Das eben Gesagte bezieht sich jedoch nur auf die „reinen" Luftwegsinfektionen. Wir alle wissen, daß Kinder aus Raucherhaushalten und aus Gegenden mit schwerster Luftverschmutzung insgesamt zu schwereren Krankheitsverläufen bei Luftwegs-Infektionen neigen und bei ihnen auch ein größeres Risiko besteht, meßbare Beeinträchtigungen der Lungenfunktion zurückzubehalten.

Säuglinge und Kleinkinder haben – als altersentsprechende Besonderheit des Lungenaufbaus – ein im Vergleich zu späteren Jahren recht enges Bronchialsystem, deshalb führen bereits geringe Schleimhautschwellungen zu einer deutlichen Verengung der Luftwege. Daneben besteht besonders im Kleinkindalter noch die Angewohnheit, Dinge zum Kennenlernen in den Mund zu nehmen. In diesem Alter findet man daher auch die größte Zahl von eingeatmeten Fremdkörpern, Aspirationen – wie es medizinisch heißt.

Schulkinder und Jugendliche haben im allgemeinen schon Infektionen mit fast allen in der Gemeinschaft umlaufenden Krankheitserregern durchgemacht, sie erkranken daher nicht mehr so häufig und heftig. Ihre Bronchien sind jetzt deutlich weiter, ein zusätzlicher Grund, nicht so leicht starke Atemnot zu entwickeln. Andererseits sind in diesem Alter die Allergien oft schon so stark entwickelt, daß nunmehr das häufigste Krankheitsbild das durch eine Allergie ausgelöste Asthma bronchiale ist. Dieses ist, insgesamt betrachtet, die häufigste Atemstörung im Kindesalter überhaupt.

Was Sie wissen müssen

- Infektanfällige Kinder haben nur sehr selten Immundefekte, auch sie werden eine normale Entwicklung nehmen.
- Passiv-Rauchen erhöht die Infektrate und damit die Wahrscheinlichkeit einer bleibenden Lungenbeeinträchtigung.

Was Sie tun sollten

- **Bei auffälliger Infekt-Anfälligkeit des Kindes ist seine Gesamtentwicklung ausschlaggebend. Von ihr sollte der Umfang möglicher Untersuchungen abhängig gemacht werden.**
- **Auch hier gilt: Im Interesse Ihrer Kinder – auch Ihrer eigenen: Rauchen Sie nicht!**

Besprechen wir nun die einzelnen Krankheitszeichen.

Husten

Der Husten hat die Aufgabe, in die Luftwege eingedrungene Verschmutzungen oder dort entstandene Schleimvermehrungen aus den Luftwegen wieder herauszubefördern. Dies geschieht üblicherweise durch einen Reflex. Das heißt, wenn am Kehlkopf oder in der Luftröhre und den großen Bronchien das Gefühl eines Fremdkörpers entsteht, wird automatisch tief Luft geholt. Bei zunächst geschlossener Stimmritze beginnt die Ausatmung und erzeugt einen hohen Druck im Brustkorb. Bei plötzlichem Öffnen der Stimmritze tritt die zusammengepreßte Luft sehr rasch aus und reißt Schleim und Fremdkörper aus der Luftröhre mit nach außen in den Rachen. Wenn bei diesem Hustenstoß tatsächlich etwas Nennenswertes, zum Beispiel Schleim, nach außen transportiert wird, so spricht man von einem *produktiven Husten.*

Wir kennen sehr wohl auch einen *unproduktiven,* d. h. nutzlosen und quälenden *Husten.* Dieser kann durch eine Schleimhautreizung ausgelöst werden, so daß der Körper meint, Schleim oder ähnliches hinausbefördern zu müssen. Dies ist häufig am Anfang von Infektionen der Fall, wenn die Schleimhaut schon durch die Krankheitserreger beschädigt ist, die Schleimmenge sich aber noch nicht vergrößert hat, dementsprechend also die Hustenstöße eigentlich verfrüht sind.

Eine andere Ursache für einen nutzlosen Husten sind Veränderungen am Hustenzentrum im Gehirn. Hierzu führen z.B. die Gifte des Keuchhusten-Erregers, die die Betroffenen vollkommen nutzlos husten lassen. Beim Keuchhusten kann durch diesen charakteristischen Husten die normale Atmung so lange blockiert sein, daß die betreffende Person in Luftnot gerät und sich im Gesicht blau verfärbt. Hier besteht aber eine Gefährdung allenfalls für Säuglinge. Sie sollten in der ersten Zeit im Krankenhaus überwacht werden.

Bei größeren Kindern enden diese Attacken zumeist ganz von allein, so daß nicht eingegriffen werden muß. Eine Gefahr besteht allerdings für alle Kinder mit *Pertussis* (med. Begriff für *Keuchhusten*): Nämlich die einer direkten Hirnschädigung während des „normalen" Krankheitsverlaufs. Die Überwachung bzw. Kontrolle der kleinen Patienten durch den Kinderarzt ist deshalb dringend zu empfehlen!

Husten beim Neugeborenen und kleinen Säugling

Häufigste Ursache für den Husten beim Neugeborenen und kleinen Säugling ist das Einatmen von Mageninhalt, also Milch vermischt mit Magensäure. Diese Ursache wird meist unmittelbar dadurch sichtbar, daß das Kind beim Husten gleichzeitig seine Nahrung ausspuckt. Einatmen von Mageninhalt kann aber auch schon dann eintreten, wenn die Nahrung nur bis in den Rachen gelangt, das heißt nicht nach ganz außen gekommen ist.

Bei einem solchen plötzlich auftretenden Husten wird das Kind auf den Arm genommen und zwar mit dem Gesicht nach unten, so daß der Mund der tiefste Punkt des Körpers ist. Damit ist sichergestellt, daß alles aus der Lunge Herausgehustete möglichst auch den Mund verläßt und gleichzeitig weitere, aus dem Magen nachkommende Flüssigkeit nicht eingeatmet wird.

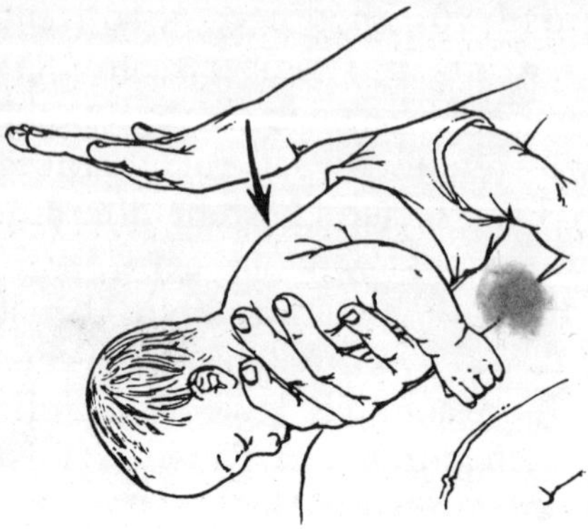

Abb. 4: Fremdkörperentfernung beim Säugling

Größere Mengen Erbrochenes können bei dieser Gelegenheit gut mit dem Finger aus dem Mund herausgewischt werden. Wichtig ist auch, die Hauptatemwege des Säuglings, d.h. die Nase, wieder freizubekommen. Zu diesem Zweck können die Eltern den Mund auf die Nase aufsetzen und diese durch sehr leichtes Saugen säubern.

Danach sollte das Kind wieder ruhig, regelmäßig und ohne Nebengeräusche atmen. Tritt dies nicht ein oder besteht eine bläuliche Verfärbung fort, so ist der Notarzt anzufordern. Gleichzeitig müssen dann, je nach Zustand des Kindes, Maßnahmen der Herz-Lungen-Wiederbelebung (s.S. 108) eingeleitet werden.

Der eben beschriebene, plötzlich eintretende und das Kind dramatisch beeinträchtigende Zustand kann in abgeschwächter Form jedoch auch häufig so auftreten, daß nur ein wiederholtes Husten bemerkt wird. Solange das Kind hierbei nicht beeinträchtigt ist und gedeiht, muß die Beobachtung lediglich im Rahmen der Vorsorgeuntersuchung mit dem Kinderarzt besprochen werden. Bei Auftreten zusätzlicher Krankheitszeichen, zum Beispiel bei geräuschvoller Atmung, Beschleunigung der Atmung oder Fieber sollte das Kind sofort dem Arzt gezeigt werden.

Was Sie wissen müssen

Plötzlicher Husten, Atemnot und Blau-Verfärbung beim Neugeborenen und Säugling bedeutet Aspirationsverdacht!

Das müssen Sie tun:

- **Atemwege frei machen.**
- **Mund auswischen, Nase freisaugen.**
- **Bauch-Kopftieflage auf dem Arm (s.o.)**
- **Bei anhaltender Atemnot und/oder Blau-Verfärbung: Sofort Notarzt anfordern!**
- **Falls nötig, bis zum Eintreffen des Arztes Wiederbelebungsmaßnahmen durchführen!**

Husten beim Kleinkind

Die Notwendigkeit, unmittelbar helfend einzugreifen, besteht auch für den Fall, daß ein Kind urplötzlich, sozusagen aus heiterem Himmel anfängt zu husten. Hier besteht immer der Verdacht, daß ein Fremdkörper eingeatmet wurde und jetzt durch das Husten nicht herausgebracht werden kann. Während der ersten Hustenattacke kann das Heraushusten unterstützt werden durch Tieflage des Oberkörpers (z.B. über das Knie legen und Beklopfen des Rückens mit der flachen Hand).

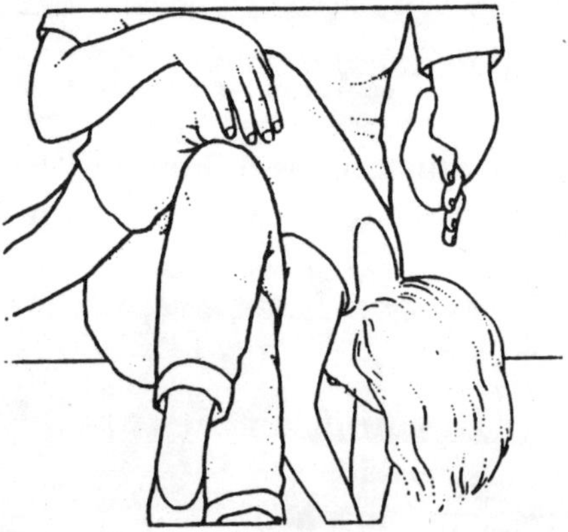

Abb. 5: Fremdkörperentfernung beim Kleinkind

Aber: Derartige Fremdkörper können ihren Platz in den Bronchien auch wechseln. Je nachdem, wie sie Bronchien oder Luftröhre verschließen, führen sie dann zu ständiger Luftnot.

Zu solchen Kindern mit Blauverfärbung und eindeutiger Atemnot muß der Notarzt hinzugerufen werden!

Die Kinder selbst müssen bis zu seinem Eintreffen beruhigt, das heißt getröstet werden. Sie dürfen jede beliebige Körperhaltung einnehmen, da sie dies automatisch so tun werden, daß sie noch möglichst gut Luft bekommen. Der Fremdkörper wird dann unmittelbar durch eine Luftröhrenspiegelung (*Bronchoskopie*) entfernt werden. Diese Maßnahme ist auch schon beim bloßen Verdacht notwendig, eben wegen des schon angesprochenen möglichen Lagewechsels eines Fremdkörpers und weil dies die einzig sichere Behandlungsmethode darstellt.

Eingeatmete Fremdkörper verursachen sehr oft bei der Atmung auch noch Geräusche. Diese können teilweise mit dem bloßen Ohr gehört werden und sind vom Arzt mit dem Hörrohr (*Stethoskop*) meist sehr deutlich zu hören. Diese Atemnebengeräusche ähneln gelegentlich denen, die bei Asthma entstehen. Eine gewisse Hilfe in der Unterscheidung bieten hier Röntgenaufnahmen im Zustand des Ein- und Ausatmens.

Was Sie wissen müssen

Plötzliche Hustenattacke beim Kleinkind bedeutet: Verdacht auf Einatmen eines Fremdkörpers (Aspirations-Verdacht)!

Das müssen Sie tun

- **Bei Atemnot und Blau-Verfärbung: Notarzt anfordern!**
- **Bei neu entstandenen Atemgeräuschen: Kind zur Untersuchung ins Krankenhaus bringen.**

Das können Sie tun

Eigener Fremdkörper-Entfernungs-Versuch:
- Bei Kleinkindern (unter 3 Jahren) s. Abb. 5, Seite 32
- Bei größeren Kindern s. Abb. 13, Seite 111

Geräusche beim Atmen

Die meisten Geräusche, die im folgenden beschrieben werden sollen, sind in bestimmten Familien wohlbekannt, da sie bei Krankheiten mit familiärer Häufung auftreten; also z. B. bei Krupp oder Asthma. In diesen Familien kann ihre Bedeutung für das einzelne Kind meist gut eingeschätzt werden. Für die Eltern aber, die sie erstmals bei ihrem Kind erleben, sind sie meist furchterregend und verständlicherweise ein Anlaß, das Kind sofort einem Arzt vorzustellen.

Dies ist im Zweifel sicher das richtige Vorgehen. In die Gruppe der Erkrankungen mit Atemgeräuschen gehört nämlich auch noch die *Epiglottitis*, wie die Entzündung des Kehldeckels in der Medizinersprache genannt wird. Diese bislang eher seltene, mit der Impfung gegen ihren Erreger (Hämophilus influenzae) stärker zurückgedrängte Erkrankung muß immer als lebensgefährlich angesehen werden. Wenn also geringste Zweifel an der Ursache der Atemgeräusche bestehen, sollte das Kind unbedingt dem Arzt gezeigt werden!

Krupp

Wenn wir heute vom Krupp sprechen, meinen wir nicht mehr den *Diphtherie-Krupp,* der glücklicherweise sehr selten geworden ist. Er tritt nur noch gelegentlich in Deutschland auf. Immer wieder sind dann auch Todesopfer zu beklagen, was aber weniger am Befall des Kehlkopfes liegt als vielmehr an den Giften der Bakterien, die zum Herzversagen führen können.

Die Teilnahme aller Kinder an der entsprechenden Impfung, die meist in Kombination mit Wundstarrkrampf (Tetanus) und Keuchhusten gegeben wird, ist daher dringend zu empfehlen.

Der in heutigen Zeiten häufig zu hörende Krupphusten wird zur Unterscheidung vom Diphtherie-Krupp immer *Pseudo-Krupp* genannt. Da Krupp aber nur die Art des Hustens bezeichnet, der unabhängig vom Krankheitserreger ist, soll im weiteren nur von „Krupp" die Rede sein.

Ein trockener, bellender Husten, der vollkommen unproduktiv ist, ist das Hauptcharakteristikum des Krupp. Er ist Folge einer akuten Kehlkopf- und Luftröhrenentzündung (*Laryngotracheitis*). Die sie begleitenden Hustenattacken werden durch den Befall von Kehlkopf wie Luftröhre gleichermaßen ausgelöst, desgleichen das ziehende Geräusch bei der Einatmung. Dieses entsteht beim Durchziehen der Luft durch den geschwollenen Kehlkopf und die geschwollene und damit verengte Luftröhre. Wieviel Kraft dafür aufgebracht werden muß, sieht man an der eingezogenen Haut über den Schlüsselbeinen, am Brustbein (Abb. 6) und zwischen den Rippen. An diesen Stellen läßt sich erkennen, wie groß der Unterdruck im Brustkorb ist, der für die Einatmung erzeugt werden muß.

Ein weiteres typisches Krankheitszeichen ist die *Heiserkeit*. Sie entsteht bei entzündlichen Schleimhautveränderungen an den Stimmbändern, d. h. im direkten Kehlkopfbereich.

Die Krankheit wird wesentlich davon bestimmt, daß Kind und Eltern hochgradig beunruhigt sind: Das Kind wegen der Atemnot und die Eltern wegen der mühsamen und geräuschvollen Atmung des Kindes.

Doch es gibt zwei einfache Maßnahmen, die die Atemnot des Kindes bessern:

1) Es muß auf alle Fälle versucht werden, das Kind zu beruhigen, z. B. indem man es auf den Arm nimmt und zu trösten versucht. Dies ist deswegen so wichtig, weil bei der allgemeinen Aufre-

gung, beim Schreien und Weinen sehr viel Energie verbraucht wird. Dies vergrößert nur die Luftnot. Bei ruhiger Atmung reicht die Atemfähigkeit meist vollständig, die beunruhigenden Atemgeräusche sind dann oft kaum mehr wahrnehmbar.

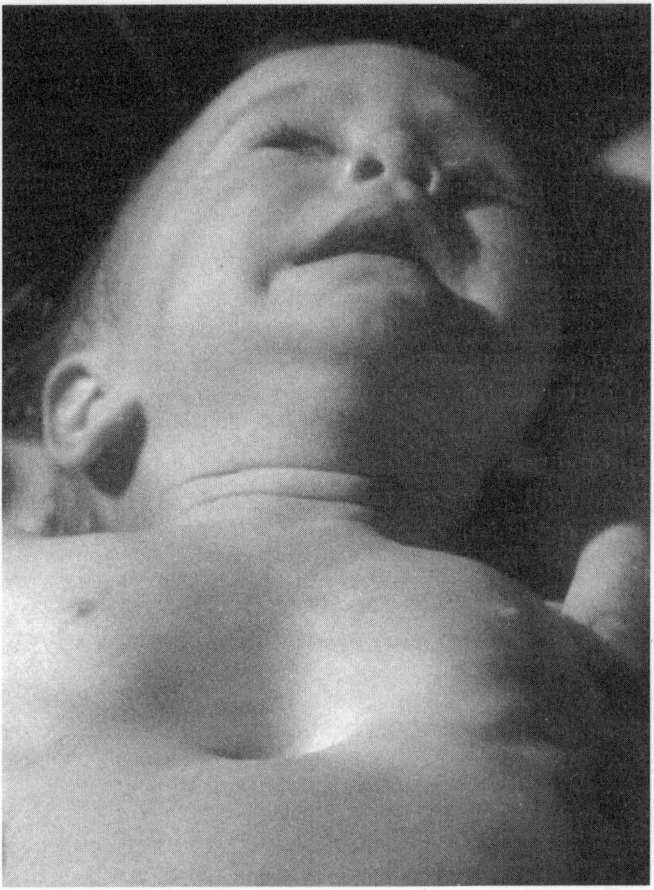

Abb. 6: Angestrengtes Atmen bei Krupp

2) Die Geräusche ergeben sich aus der Schleimhautschwellung. Da der Krupp gewöhnlich während der Wintermonate auftritt, wird die Schleimhaut meist durch die geheizte und deshalb oft sehr trockene Luft belastet. Kühle Luft, beispielsweise auf dem Balkon oder im Freien, und feuchte Luft, – z.B. indem man sehr heißes Wasser im Bad laufen läßt oder sich neben den Herd setzt, auf dem gleichzeitig Wasser zum Kochen gebracht wird; in beiden Fällen entstehen große Mengen von Wasserdampf – werden unfehlbar zum Abschwellen der Schleimhäute und damit zur Besserung der Luftnot führen.

Das Kind sollte jedoch möglichst rasch einem Arzt vorgestellt werden, wenn es

- eine bläuliche Hautverfärbung hat, oder
- langsam und unregelmäßig atmet, oder
- keinen klaren Blickkontakt aufnehmen kann
- hohes Fieber hat.

Dies sind Zeichen schwerster Luftnot, bei der die Wirkung der eben beschriebenen Hausmittel nicht abgewartet werden darf. Fieber, vor allem hohes Fieber, gehört eigentlich nicht zu dem Krankheitsbild des Krupp. Es muß dann entsprechend nach den tieferen Ursachen gesucht werden.

Was Sie wissen müssen

Bellender Husten und ziehende Einatmung: Krupp-Verdacht!

Das müssen Sie tun

Blau-Verfärbung, unregelmäßiger Atmung, Bewußtseinsstörung, Schluck-Unvermögen: Sofort den Notarzt rufen!

Das können Sie tun

- Beruhigen Sie Ihr Kind: Nehmen Sie es auf den Arm (nur wenn es mag), trösten Sie es.
- Geben Sie ihm etwas zum Trinken (wenn es mag).
- Sorgen Sie für günstigere Luftverhältnisse durch Erzeugen von Wasserdampf oder gehen Sie mit Ihrem Kind an die kühle Außenluft.

Speicheln und Karcheln

Diese Erscheinungen sind bis zum Beweis des Gegenteils stets starke Anzeichen für eine Entzündung des Kehldeckels (*Epiglottitis*). Am Kehldeckel auftretende Erkrankungen treten am häufigsten im 2. und 3. Lebensjahr auf, heutzutage aber nur noch bei Kindern, die nicht oder nur unvollständig gegen den Erreger *Hämophilus influenzae* geimpft sind.

Da der Kehldeckel zwischen den Atem- und Speisewegen sitzt, wird ein Kind mit Kehldeckelschwellung sowohl Schwierigkeiten mit dem Atmen (Atemnot) als auch mit dem Schlucken haben, insbesondere ist das ansonsten völlig unbemerkt ablaufende Schlucken des Speichels behindert.

Diese Kinder „gurgeln" bei jedem Atemzug mit ihrem Speichel (*karcheln*), zum Teil läuft ihnen der Speichel auch aus dem Munde heraus. Sie halten das Kinn leicht angehoben, sind sehr ängstlich und können nur im Sitzen gut atmen.

Man darf sie auf keinen Fall zwingen, sich hinzulegen!

Da der Kehldeckel oberhalb der Stimmritze sitzt, wird er beim Anschwellen die Stimme verändern, im wesentlichen auch dämpfen. Das hört sich so an, als habe das Kind beim Sprechen eine heiße Kartoffel im Mund.

Beim Verdacht auf diese Erkrankung sollte unmittelbar der Arzt, am besten der Notarzt, gerufen werden, der das Kind dann ins Krankenhaus begleiten wird.

Was Sie wissen müssen

Bei Schluckunfähigkeit und Atemnot: Verdacht auf Epiglottis (Kehldeckel)- Entzündung.

<u>Das müssen Sie tun</u>

– Notarzt rufen
– Ihr Kind beruhigen, aber nicht versuchen, es hinzulegen!

Das solten Sie tun

Die Erkrankung ist vermeidbar: Daher Säuglinge und Klein-Kinder gegen den Erreger (Haemophilus influenzae) impfen lassen!

Giemen, Pfeifen, Fiepen

Alle diese Ausdrücke bezeichnen Geräusche, wie sie bei asthmaähnlichen Erkrankungen entstehen. Im Deutschen gibt es dafür leider keine allgemein gebräuchlichen Wörter. Diese Geräusche entstehen in der Phase der Ausatmung, die gegenüber der normalen Ausatmung dazu noch deutlich verlängert ist. Während der Einatmung kann zudem noch ein leichtes Ziehen zu hören sein.

Ein Verschwinden dieser Geräusche im Krankheitsverlauf bedeutet nicht unbedingt eine Besserung der Erkrankung, das Kind muß unbedingt wieder gleichzeitig sein normales Verhalten und als Säugling seine normale Trinklust entwickeln. Besteht nämlich die Beeinträchtigung weiter, so bedeutet das Verschwinden der Geräusche nur, daß das Kind weder genügend Luft holen kann noch fest genug ausatmen kann, um die Geräusche entstehen zu lassen. Es ist dann, was seine Atemfähigkeit betrifft, an der absoluten Grenze angelangt und in Lebensgefahr.

So sollten Sie vorgehen

- Bei erstmaligem Giemen, Pfeifen oder Fiepen sollte das Kind dem Arzt gezeigt werden, damit die Schwere der Krankheit richtig eingeschätzt und die notwendige Behandlung eingeleitet werden kann.
- Nur Eltern, die bei ihren Kindern diese Geräusche schon gewöhnt sind, gemeinsam mit ihren Kindern die Schwere der Störung einschätzen können und die notwendigen Medikamente bei der Hand haben, werden zunächst selbst mit der Behandlung beginnen.

Das müssen Sie tun

Kinder mit schwerer Atemnot, Sprachlosigkeit, Angst und mit Blauverfärbung müssen unbedingt sofort vom Arzt gesehen werden; besser noch, sie werden gleich ins Krankenhaus gebracht.

Rasseln und Brummen

Diese Geräusche entstehen durch Schleim in den Bronchien, der beweglich ist und beim Atmen und Husten in Schwingungen versetzt werden kann. Dieser Schleim kann zu guten Teilen auch ausgehustet werden. Es sind die typischen Geräusche, die bei einer gewöhnlichen *Bronchitis* (Bronchial-Katarrh) entstehen.

Was Sie wissen müssen

Eine akute, oft fieberhafte Bronchitis ist meist durch Viren ausgelöst. Eine spezifische Behandlungsmöglichkeit besteht daher nicht. Die notwendige Allgemeinbehandlung sieht dann folgendermaßen aus:

1) *Ausreichende Flüssigkeitszufuhr durch Trinken*. Diese ist besonders wichtig bei Fieber, aber auch für den Wassergehalt des Bronchialschleimes notwendig, damit dieser gut ausgehustet werden kann.

2) *Die eingeatmete Luft soll kühl und nicht zu trocken sein*; d. h. gerade im Winter die Raumtemperatur eben noch behaglich halten und das Schlafzimmer nach Möglichkeit nicht beheizen. Bei Fieberfreiheit sollte das Kind möglichst bald hinaus an die frische Luft kommen.

3) *Die Schleimlösung kann objektiv durch Inhalation von sog. „physiologischer Kochsalzlösung“, die dann über einen Druckluft-*

vernebler (fragen Sie Ihren Arzt oder in der Apotheke danach) verteilt werden muß, gebessert werden. Inhalationen von Dämpfen, insbesondere von ätherischen Ölen, bringen zumindest eine subjektive Besserung.

4) *Sogenannte „schleimlösende Mittel" sollten nur nach Anweisung des Arztes verwendet werden, damit ihre schwache Wirkung optimal genutzt werden kann.*

5) *Einreibungen wiederum haben sicher einen guten subjektiven Effekt, indirekt wirken sie durchblutungsfördernd auf Bronchien und Lunge.* Hautreizungen müssen beachtet werden. Diese Salben dürfen auch keinesfalls eingenommen werden, da sie zu Schleimhautzerstörungen an Kehlkopf und Speiseröhre führen können.

Die allermeisten Bronchitiden heilen mit solch unterstützenden Maßnahmen problemlos aus.

Beschleunigte Atmung

Eine beschleunigte Atmung ist ein Krankheitszeichen, das dem Laien am ehesten zwischen einer Bronchitis und einer beginnenden Lungenentzündung unterscheiden hilft. Dabei ist allerdings zu beachten, daß ein Kind, je kleiner es ist, auch im gesunden Zustand eine etwas raschere Ruhe-Atmung hat.

Ein *Fortschreiten der Bronchitis zu einer Lungenentzündung* kündigt sich im übrigen an in
– fortbestehendem, meist hohem Fieber
– zunehmender Abneigung gegen Nahrungsmittel und auch schwächebedingter Verweigerung von Essen und Trinken
– Brustschmerzen beim Atmen (wenn das Brustfell mitbeteiligt ist) sowie durch das sogenannte
– Nasenflügeln (Mitbewegen der Nasenmuscheln bei den einzelnen Atemzügen).

Hiervon betroffene Kinder sollten zur genaueren Diagnostik und Einleitung einer Behandlung einem Arzt vorgestellt werden.

Ein Teil der Lungenentzündungen im Kindesalter entsteht jedoch auf dem Blutwege; die Kinder husten dann nur geringfügig, haben oftmals schon hohes Fieber und geben ihre Hauptbeschwerden gar nicht einmal im Bereich des Brustkorbs an, sondern z. B. im Bauch. Deshalb darf man sich nicht wundern, wenn ein Arzt bei Bauchbeschwerden eines Kindes seine Untersuchung eben nicht nur auf den Bauch beschränkt, sondern ganz gezielt auch nach einer Lungenentzündung sucht.

Was Sie wissen müssen

Eine anhaltende Beschleunigung der Atmung muß nicht immer auf eine Störung an Bronchien und Lunge zurückzuführen sein. Sie ist jedoch immer ein Zeichen einer zugrundeliegenden groben Störung oder gar lebensgefährlichen Erkrankung.

Die möglichen Ursachen reichen von einer zu engen Nase beim Neugeborenen (dieses ist dann bei Ausfall seiner Hauptatemwege kaum in der Lage, ausreichend zu atmen), über eine Blutvergiftung (*Sepsis*) des Neugeborenen, schwerstverlaufende Durchfallserkrankungen bei Säuglingen und Kleinkindern bis hin zu Vergiftungen oder – sehr selten – dem ersten Auftreten einer Zuckerkrankheit bei älteren Kindern. Eine Untersuchung durch den Arzt ist deswegen immer geboten.

Krankheitsbilder

In diesem Kapitel will ich die häufigsten Krankheitsbilder sowie einige wenige, die sehr schwerwiegende Konsequenzen haben können, besprechen. Dabei wird zunächst eine kurze Definition des Krankheitsbildes selbst gegeben, der Erreger und bekannte Einflußfaktoren beschrieben, der durchschnittliche Ausgang der jeweiligen Erkrankung sowie die Art und – soweit bekannt – Wirkungsweise der Behandlung und die Möglichkeiten der Krankheitsvorbeugung dargestellt.

Schnupfen

Schnupfen wird zumeist erlebt als vorübergehende oder dauernde Beeinträchtigung der Nasenatmung. Es kann dabei das Laufen der Nase, wäßrig oder eitrig, oder ihre Verstopfung, bedingt durch Schleimhautschwellung oder zähen Nasenschleim, im Vordergrund stehen.

Der *akute Schnupfen* beginnt meistens mit einem wäßrigen Nasenlaufen. Innerhalb weniger Tage tritt kurz ein eitriges Sekret auf, eventuell noch eine Zeit mit Schleimhautkrusten (*Borkenstadium*), dann aber eine vollkommene Gesundung; das heißt, es muß nun auch die Nasenatmung wieder problemlos möglich sein.

Die Behandlung erfordert nur sehr selten den Einsatz abschwellender Nasentropfen. Diese enthalten Adrenalin-Abkömmlinge, die die Blutgefäße zusammenziehen; ihr Nachteil: Bei nachlassender Wirkung kann es zu einer noch größeren Weitstellung der Blutgefäße und damit zur erneuten Schwellung der Schleimhäute kommen (sog. *Rückschlagsphänomen*). Im allgemeinen reicht dagegen die Verabreichung von Tropfen sogenannter *physiologischer Kochsalzlösung* aus.

Große Kinder profitieren auch von Inhalationen ätherischer Öle; Vorsicht jedoch vor dem Verschütten der heißen Lösungen, denn dabei können schwere Verbrennungen entstehen! Im Borkenstadium ist eine weiche Nasensalbe angenehm und hilfreich.

Wiederholte Schnupfen mit zwischenzeitlich freier Nasenatmung sind übrigens kein Grund für eine weitergehende Untersuchung des Kindes.

Chronischer Schnupfen jedoch, mit einer Behinderung der Nasenatmung auch in den nicht-akuten Phasen, sollte ein Grund sein, die zugrundeliegenden Ursachen zu suchen: Bei Neugeborenen ist gelegentlich eine angeborene Verengung der Nasengänge vorhanden. Diese normalisiert sich jedoch im Laufe des Wachstums fast immer von alleine.

Bei größeren Kindern kommen am ehesten zwei Ursachen in Betracht:

1) Ein *allergischer Schnupfen*. Hier kann anhand der Tageszeit seines Auftretens oftmals schon die Ursache vermutet werden. Kinder, die z. B. morgens mit verstopfter oder laufender Nase aufwachen, sind oft stark gegen Hausstaubmilben sensibilisiert.

2) Mit zunehmendem Alter entwickeln sich, vor allem nach häufigen Infekten oder auch auf dem Boden einer allergischen Erkrankung, zunehmend große Rachenmandeln (*Adenoide*), die dann fortwährend die Nasenatmung behindern.

Da Rachenmandeln nachwuchern können, sollte bei jeder operativen Entfernung der Rachenmandeln gleichzeitig eine allergologische Diagnostik erfolgen. Wenn nämlich der allergieauslösende Reiz nicht wegfällt, wird die Nachwucherung umso schneller sein. Daher sollen bei Allergikern die Operation und möglichst weitgehende Beseitigung der Allergieauslöser (*Allergene*) Hand in Hand gehen.

Nasenpolypen sind als Ursache von chronischem Schnupfen im Kindesalter extrem selten; äußerst selten sind auch angeborene Erkrankungen, z. B. defekte Schleimhaut-Wimpernhärchen, die sich im Kindesalter als chronischer Schnupfen zeigen.

Was Sie wissen müssen

Zu den selteneren Ursachen des chronischen Schnupfens im Kindesalter gehören chronische Nebenhöhlen-Entzündungen, da diese Höhlen sich ja zum großen Teil erst im Kindesalter bilden. Ebenfalls selten entsteht ein chronischer Schnupfen auf der Basis einer Wohnraumbelastung durch Schadstoffe. Bei einem derartigen Verdacht sollte zunächst einmal eine genaue Beobachtung des Kindes stattfinden, indem man zusätzlich prüft, ob es an anderen Orten als der eigenen Wohnung tatsächlich beschwerdefrei ist, ob die häuslichen Beschwerden nicht durch Allergene (allergieauslösende Stoffe und Substanzen) ausgelöst werden, und ob die Beschwerden das ganze Jahr über bestehen.

Erst wenn auf diesem Wege ein begründeter Verdacht bleibt, sollte an bauliche Veränderungen gedacht werden. Das ökonomischste Vorgehen dabei ist, – es sei denn, der Verursacher ist schon ganz klar (z. B. frisch eingeklebter Teppichboden) –, zunächst über eine qualifizierte Analyse der Innenraumluft die Schadstoffquelle genauer zu bestimmen. Adressen für die Messung von flüchtigen (Chemie-) Luftschadstoffen können am Wohnort von der Feuerwehr oder von den zuständigen chemischen Landesuntersuchungsämtern erhalten werden.

Rachen- und Gaumenmandeln

Rachen- und Gaumenmandeln sind wichtige Organe für den Aufbau einer ausreichenden körpereigenen Abwehr (Immunitätsbildung). Andererseits erreichen sie gerade bei der Ausübung dieser Tätigkeit oft eine solche Größe, daß sie in den Atemwegen als Hindernis wirken. Was sind nun aus kinderärztlicher Sicht die Gründe, Rachen- oder Gaumenmandeln operativ entfernen zu lassen?

Für die Gaumenmandeln gibt es eigentlich nur zwei wichtige Gründe zur ihrer operativen Entfernung (*Tonsillektomie*):

1) Es besteht eine schwere, insbesondere *nächtliche Atembehinderung*, die zum Teil mit Schnarchen einhergeht. In Betracht kommen hierfür insbesondere Kinder, deren Gaumenmandeln sich schon in Zeiten, in denen keine Halsentzündung besteht, in der Mitte berühren.

2) Die Gaumenmandeln können bei ihrer normalen Aufgabe – nämlich Krankheitserreger aufzunehmen, unschädlich zu machen und die Immunitätsbildung anzuregen – nach langer Zeit in einen *Zustand der Überforderung* geraten. Sie sind dann vernarbt, tragen oft kleine Eiterbläschen (*Abszesse*) in sich, von denen Infektionen ausgehen statt ihnen vorzubeugen. Dieser Zustand wird gewöhnlich frühestens im Schulalter erreicht; eine große Hilfe in der Immunitätsentwicklung sind die Gaumenmandeln dann aber ohnehin nicht mehr.

3) Sehr seltene akute Gründe, die Gaumenmandeln zu entfernen, sind ihre massive Vereiterung (*Peritonsillar-Abszeß*) oder eine riesige Vergrößerung im Rahmen von Virusinfektionen, die zu einer akuten lebensbedrohlichen Atembehinderung führt.

Gründe zur Verkleinerung – eine vollständige Entfernung ist ja nicht möglich – der Rachenmandel (*Adenotomie*) treten gewöhnlich früher auf.

1) *Verstopfung der Tube*, also des Ganges vom Nasenrachen zum Mittelohr. Dabei entstehen anhaltende Mittelohrergüsse mit einer gleichzeitigen Beeinträchtigung des Hörens. Insbesondere wenn diese Hörstörung zu einer Störung der Sprachentwicklung zu führen droht, ist eine Besserung durch die Adenotomie zu versuchen.

2) Auch eine durch eine permanent behinderte Nasenatmung hervorgerufene Mundatmung (*ungesunder Atemtyp*) kann Grund für eine Adenotomie sein. Ausschlaggebend ist letztlich, ob die Mundatmung zu vermehrten und schwereren Erkrankungen an den tieferen Luftwegen geführt hat.

Von größter Wichtigkeit ist es, nach Entfernung der Rachenmandel die Kinder wieder zum normalen Atmen, das heißt: zum Atmen durch die Nase zu erziehen. Sie gewöhnen sich nämlich in den Zeiten der behinderten Nasenatmung die schädliche Mundatmung an und müssen anschließend erst wieder das Atmen mit geschlossenem Mund erlernen.

Was Sie wissen müssen

Gründe zur Entfernung der Gaumenmandeln sind:
1) Atembeeinträchtigung (schweres Schnarchen)
2) Infektionsherde (Vernarbung und Vereiterung)

Gründe zur Entfernung der Rachenmandeln (Polypen) sind:
1) Chronische Hörbehinderung
2) Chronische Mundatmung mit Infektionen der tiefen Atemwege.

Krupp

Der Krupp (*Pseudo-Krupp*) ist eine in den Wintermonaten auftretende, meist durch Viren ausgelöste Erkrankung. Die Luftwege sind durch Schleimhautschwellung im Kehlkopfbereich, im Bereich der Luftröhre und der großen Bronchien verengt. Die Empfindlichkeit der Bronchien wird durch Luftschadstoffe vergrößert; oft ist auch eine familiäre und/oder persönliche Veranlagung des Kindes feststellbar.

Typisch ist das plötzliche Auftreten bellenden Hustens in der Nacht und eines ziehenden Geräusches bei der Einatmung. Die Kinder sind aber oft fieberfrei. Das Haupterkrankungsalter liegt zwischen 1 und 3 Jahren, im Schulalter tritt der Krupp dagegen nur noch selten auf.

Entstehung des Krupp: Jedermann kennt sogenannte Krupp-Kinder, also Kinder, die mehrmals im Leben, oft sogar mehrmals im Jahr, einen Krupphusten entwickeln. Auch die Art des Krupphustens, entweder der „reine" Husten oder Husten mit asthmaähnlichen Atemgeräuschen, kehrt beim gleichen Kind immer wieder. Bei sonst „Krupp-freier" Familie ist hieraus eine persönliche Veranlagung klar zu erkennen. Nur sehr selten läßt sich dafür eine anatomische Veränderung verantwortlich machen, offensichtlich ist es in den meisten Fällen die sehr leicht und rasch eintretende Reaktion der Schleimhäute an Kehlkopf, Luftröhre und Bronchien. Wohlbekannt sind aber auch familiäre Belastungen, das heißt das Auftreten von Krupphusten in mehreren Generationen und bei mehreren Geschwistern in einer Familie. Eine Erbkrankheit im strengen Sinne, also mit bekanntem Erbgang, ist der Krupp jedoch nicht.

In den 70er und frühen 80er Jahren ist von aufmerksamen Eltern und Kinderärzten eine Häufung von Krupp an Orten und zu Zeiten mit einer hohen Schadstoffbelastung der Luft festgestellt worden. Die Zusammenhänge zwischen Schadstoff-Auftreten und Krupp-Häufigkeit sind daraufhin sowohl in Orten mit industrieller sowie verkehrsabhängiger und geringer Luftverschmutzung untersucht worden. Sicher ist, daß eine hohe Luftschadstoffbelastung allgemein die Schleimhäute von Kindern reizt und hochempfindlich macht. Es gibt aber keine überzeugenden Belege dafür, daß die Schadstoffe allein Krupp auslösen. Sie sind vielmehr besonders schädlich im Bereich der unteren Atemwege und sehr wohl in der Lage, z.B. Asthma auszulösen. Über die Schadstoffwirkungen wird im nächsten Kapitel noch ausführlich zu reden sein.

Hinsichtlich des Krupp bewirken Luftschadstoffe eine erhöhte Wahrscheinlichkeit, daß er dann auftritt, wenn die Schleimhäute durch Infektionen zusätzlich belastet werden. Die häufigsten Auslöser von Krupp-Anfällen sind die *Para-Influenza-Viren*. Daneben spielt eine Vielzahl anderer Viren noch die gleiche Rolle. Nachgewiesen werden diese Viren oder die durch die Infektion entstehenden Antikörper jedoch nur in besonderen Untersuchungen, in sogenannten *Studien*. Der routinemäßige Nachweis der Viren selbst oder der durch die Infektion entstehenden Antikörper wäre aber unverhältnismäßig teuer und aufwendig. Die Erkrankung selbst nimmt ja im Kindesalter letztlich fast immer einen guten Ausgang. Im Erwachsenenalter sind die durch diese Erreger ausgelösten Infektionen vollkommen harmlos, so daß hier ein Nachweisbedarf überhaupt nicht besteht. Unabhängig von allen Nachweismethoden im Labor ist schon vielen Familien aufgefallen, daß beim Krupp-Kind selbst 1–2 Tage vor dem eigentlichen Husten eine laufende Nase auftrat oder daß die ganze Familie zur gleichen Zeit an einem Schnupfen oder harmlosen Husten gelitten hat.

Krankheitsbild und Verlauf: Die Kinder wachen, nachdem sie am Abend noch ganz normal zu Bett gebracht wurden, in der Nacht mit bellendem Husten auf. Dazu hört man in schweren Fällen auch ziehende Geräusche bei der Einatmung und sieht, bei echtem Sauerstoffmangel, auch eine Blauverfärbung der Haut und Schleimhäute.

Die Behandlung beruht prinzipiell im Beruhigen des Kindes – auf den Arm nehmen und trösten – und auf Maßnahmen zur Abschwellung der Schleimhaut (kühle Luft, feuchte Luft, Medikamente). Die *akuten Maßnahmen* wurden bereits im vorigen Kapitel beschrieben, deswegen sollen an dieser Stelle nur die zwei wichtigsten Medikamente erwähnt werden:

Cortison wird wegen seiner rasch einsetzenden Wirkung zur Abschwellung aller entzündlichen Gewebe, in diesem Fall eben der Schleimhäute der Luftwege, eingesetzt. Bei den kleinen und ohnehin durch die Krankheit verängstigten Krupp-Kindern hat sich der Weg über den Darm (Zäpfchen, Miniklistier) sehr bewährt. Manche Eltern erhalten deshalb solche Medikamente für Notfälle schon auf Vorrat. Gegen die einmalige Gabe bei eindeutigen Krankheitszeichen bestehen keinerlei Bedenken. Jedoch muß bei fortbestehenden oder sich verschlimmernden Krankheitszeichen das Kind vor einer zweiten Gabe sicherlich dem Arzt gezeigt werden. In seltenen Fällen trügen nämlich auch scheinbar eindeutige Krankheitszeichen, denn manchmal handelt es sich um eine Infektion, bei der wiederholte Cortisongaben Schaden stiften würden.

Als weitere Maßnahme kommt die *Inhalation von adrenalinartigen Stoffen* (z. B. Epinephrin) in Betracht. Die Wirkung ähnelt der, wie sie fast jeder von den abschwellenden Nasentropfen kennt: Die Blutgefäße der Schleimhaut im Inhalationsbereich werden verengt, die Blutzufuhr damit gedrosselt und die Schwellung der Schleimhaut geht insgesamt zurück. Diese sehr rasch wirkenden Medikamente haben aber zwei wichtige Nebenwirkungen. Zum einen die üblichen Adrenalinwirkungen wie schneller Puls und Unruhe, zum anderen das Eintreten eines sogenannten Rückschlagphänomens; das heißt beim Nachlassen der gewünschten Wirkung wird die Schleimhautschwellung dann umso stärker. Aus diesen beiden Gründen ist der Einsatz derartiger Medikamente nur unter ärztlicher Aufsicht und im Krankenhaus zu empfehlen.

Das typische Husten und die angestrengte und geräuschvolle Einatmung klingen meist schon in der Nacht des Krankheitsbeginnes wieder ab, so daß das Kind den Rest der Nacht durchschläft. Am folgenden Morgen sollten bei ruhiger Atmung keine Geräusche und Beeinträchtigungen mehr bemerkbar sein; sie werden allerdings noch bei größerer Atemarbeit, z.B. beim Rennen und Spielen, auftreten. Auch am folgenden Abend können die Krankheitserscheinungen sich nochmals leicht verstärken. Am zweiten Tag jedoch sollte das Kind wieder unbeeinträchtigt spielen und sich belasten können.

Aber Achtung

Verschlimmert sich jedoch im Krankheitsverlauf die Luftnot, treten insbesondere eine bläuliche Verfärbung der Haut und hohes Fieber auf, so muß das Kind zu seiner Sicherheit im Krankenhaus weiterbehandelt werden.
Diese Situation betrifft zwar nur sehr wenige Kinder mit Krupp, bei diesen jedoch besteht eindeutig Lebensgefahr!

Langfristige Aussichten: Bis zum Schulalter werden durch das Wachstum der Luftwege und die damit immer größer werdenden Innendurchmesser Schleimhautschwellungen nicht mehr zu so hochgradigen Verengungen führen können, daß Krupp-Symptome auftreten. Entsprechend selten ist Krupp auch noch im Schulalter anzutreffen. Deshalb sollte jedes ältere Kind mit Krupp einem Arzt vorgestellt werden, da bei Auftreten der typischen Symptome schon ein fortgeschrittenes Krankheitsstadium erreicht sein muß.

Die Frage nach bleibenden Schäden, die durch Krupphusten ausgelöst werden könnten, ist schwer zu beantworten. Die Überempfindlichkeit der Schleimhäute ist ja eine Eigenschaft, die dem Individuum lebenslang erhalten bleibt. Sie wird für sich genommen meist jedoch keine praktische Bedeutung haben.

Bei einer solchen Vorhersage muß aber auch noch der Grad der Luftverschmutzung bedacht werden, dem der Mensch im weiteren Leben ausgesetzt wird. Denn natürlich wird diese bei Menschen mit besonders empfindlichen und „reaktionsfreundlichen" Luftwegen weiter ihren Einfluß ausüben.

Abgesehen von diesen Faktoren läßt sich aber glücklicherweise sagen, daß Kinder mit „reinem" Krupphusten ab dem zweiten Lebensjahrzehnt keine schlechtere Lungenfunktion haben als Gesunde. Bei Kindern, die Krupp mit zusätzlichen asthmaartigen Krankheitserscheinungen durchgemacht haben, ist letztlich entscheidend, ob sie familiär mit Allergie und Asthma „vorbelastet" sind und selber zu Allergikern werden. In diesem Fall ist die Wahrscheinlichkeit, Asthma zu bekommen, deutlich erhöht.

Für eine Rolle der kruppauslösenden Viren in der Allergieentstehung gibt es bei Menschen keine eindeutigen Beweise. Es ist wohl eher so, daß vor allem die Kinder unter einer virusbedingten Krupperkrankung zu leiden haben, die auch später stärker zur Allergie- und Asthma-Entwicklung neigen.

Welche Maßnahmen sind nun zur *Vorbeugung* geeignet? Die Infektion selbst wird sich schwerlich vermeiden lassen, da sie ja nicht nur von erkrankten, sondern auch von völlig gesund erscheinenden Menschen weitergetragen wird. Aufgrund des insgesamt gutartigen Krankheitsverlaufes wird augenblicklich auch keine Impfung angestrebt. Einfluß genommen werden kann aber auf die Empfindlichkeit und Reaktionsfreudigkeit (*Reagi-*

bilität) der Luftwegsschleimhäute: Gerade in der Winterzeit sollte für ein gesundes Innenraumklima gesorgt werden: Keine zu hohe Erwärmung der Raumluft in den Wohnräumen (höchstens 22°–24°C) und eine hinreichende Luftfeuchtigkeit; die Schlafräume sind mit etwa 16°C ausreichend warm; das heißt, sie müssen in den seltensten Fällen beheizt werden. Es versteht sich von selbst, daß in der Wohnung und insbesondere im Auto nicht geraucht werden sollte. Gefährdete Kinder sollten bei Smog-Alarm in der Wohnung bleiben.

Das sollten Sie wissen

- Krupp wird durch Virusinfektionen ausgelöst
- Luftverschmutzungen machen die Schleimhäute empfindlich für die Virusinfektionen
- Krupp-Kinder haben langfristig gesehen normale Lungenfunktionen
- Krupp-Kinder aus Asthma-Familien neigen eher zu Asthma

Das können Sie tun

- **Vernünftiges Heizverhalten: Wohnräume bis etwa 22°C, Schlafzimmer gar nicht heizen.**
- **Schadstoff-Bewußtsein: Nicht rauchen! Wenig körperliche Aktivität im Freien bei Smog.**

Keuchhusten

Keuchhusten ist eine ansteckende, durch Bakterien und deren Gift hervorgerufene Erkrankung. Die Bakterien werden durch Tröpfchen übertragen, bis zum Ausbruch der Erkrankung vergehen dann noch 1–3 Wochen *(Inkubationszeit).*

Wir kennen drei typische Krankheitstadien:

1) Während der ersten 1–2 Wochen hat das Kind einen vollkommen uncharakteristischen Schnupfen und Husten, zum Teil mit leichtem Fieber. Werden in diesem Krankheitsstadium wirksame Antibiotika gegeben, so wird hierdurch der Krankheitsverlauf abgekürzt und abgeschwächt.

2) Anfallsstadium (Dauer 2–4 Wochen): Dies ist die Zeit des charakteristischen Keuchhustens. Der Husten besteht aus Salven von kurzen, insgesamt trockenen und unproduktiven Hustenstößen.

Bei schweren Attacken läuft das Kind blau an, beim Einatmen zwischen den Hustenstößen entsteht das ziehende und juchzende Geräusch, das dem Husten den Namen gegeben hat. Am Ende einer Hustenattacke wird oft zäher Schleim hervorgewürgt, häufig auch erbrochen. Essen und Trinken sind oftmals Auslöser einer solchen Hustenattacke, nur unmittelbar nach einer Attacke besteht keine so hohe Empfindlichkeit.

Darauf sollten Sie achten

Sehr kleine Säuglinge entwickeln noch nicht diesen typischen Husten; sie machen in diesem Krankheitsstadium lange Atempausen, die im Extremfall sogar lebensgefährlich sein können. Deshalb sollten sie in dieser Zeit auch im Krankenhaus überwacht werden!

In diesem Krankheitsstadium können Antibiotika die Bakterienzahl nur noch reduzieren, das Kind wird dadurch weniger ansteckend. Der Krankheitsverlauf selbst läßt sich damit jedoch nicht mehr abkürzen. Lediglich bei Auftreten einer Keuchhusten-Lungenentzündung ist noch eine Behandlung mit Antibiotika angezeigt.

Es gibt leider kein einzelnes zuverlässiges Medikament, das bei jedem Kind die Hustenattacken dämpfen könnte. Daher kommen sowohl Medikamente, die direkt das Hustenzentrum dämpfen (Codein), als auch beruhigende Medikamente zum Einsatz. Sollten Sie bei Ihrem Kind keine positive Medikamentenwirkung feststellen, besprechen Sie dieses unmittelbar mit Ihrem Kinderarzt, damit eine andere Präparategruppe versucht werden kann.

3) Das Erholungsstadium dauert im Durchschnitt 1–2 Wochen. Die Kinder sind dann wieder leistungsfähig. Nachfolgende Luftwegsinfekte können jedoch wieder zu keuchhustenartigem Husten führen. Dies ist dann kein Wiederauftreten des Keuchhustens, sondern ein „Keuchhusten-Gedächtnis-Husten".

Vorbeugung:
Die Keuchhusten-Impfung ist in Deutschland seit 1991 wieder eine öffentlich empfohlene Impfung. Das bedeutet, daß für die Mehrheit der Kinder der Nutzen ganz eindeutig die möglichen Schäden durch Nebenwirkungen übertrifft. Gemessen an dem am gefürchtesten Impfschaden, einer bleibenden Hirnschädigung oder Krampfleiden, ist die natürliche Keuchhustenerkrankung etwa 100mal gefährlicher als die Impfung.

Dies gilt für die derzeit in Deutschland zugelassenen Impfstoffe. Zwar sind Impfstoffe, die praktisch keine Nebenwirkungen mehr haben, in der Entwicklung, ihre Zuverlässigkeit hinsichtlich des Schutzes vor Keuchhustenerkrankungen muß jedoch noch geprüft werden.
Für sehr kleine Säuglinge, die Kontakt mit einem Keuchhustenkind gehabt haben, bestehen zwei weitere Schutzmöglichkeiten. Die eine besteht in der vorsorglichen Gabe eines Antibiotikums, so daß sich die Bakterien bei dem Säugling nicht vermehren und kein Gift abgeben können. Diese Behandlung ist sehr zuverlässig.

Die zweite Möglichkeit besteht in der Gabe eines sogenannten *Hyper-Immunglobulins*, eines Serumproduktes, das sehr viele Antikörper gegen Keuchhusten enthält. Diese Behandlung ist hinsichtlich der Krankheitsverhütung aber leider weniger zuverlässig, was sich auch daran erkennen läßt, daß kein wesentlicher Nestschutz durch die von der Mutter auf das Kind übergegangenen Antikörper besteht.

Das sollten Sie wissen

- Keuchhusten ist 100x gefährlicher als die Keuchhusten-Impfung.
- junge Säuglinge können Atempausen entwickeln statt Husten, sie gehören deshalb ins Krankenhaus.
- Einmal eingetretener Keuchhusten kann medikamentös kaum noch beeinflußt werden.

Bronchitis

Die akute, einige Tage andauernde Bronchitis mit anfangs trockenem, unproduktivem Husten, danach sich lösendem Schleim und gering beeinträchtigtem Allgemeinbefinden ist, wie oben bei den akuten Krankheitszeichen schon beschrieben, eine Allerweltserkrankung im Kindesalter. Auch mehrere solcher Erkrankungen im Jahr sind durchaus nichts Ungewöhnliches, solange nur das Kind in der Zwischenzeit leistungsfähig ist und sich gut entwickelt.

Einer eingehenden Untersuchung bedürfen jedoch diejenigen Kinder, die über längere Zeit fortlaufend husten. Es muß hierbei nicht, wie in der Erwachsenenmedizin, die Dauer des täglichen Hustens drei Monate oder mehrmals über vier Wochen pro Jahr betragen, um die Diagnose einer chronischen Bronchitis zu stellen. Je nach Lebensalter und Aktualität der Erscheinungen wird der Arzt verschiedene Ursachen als die wahrscheinlichsten in Betracht ziehen:

– Beim Säugling wiederholte Aspirationen (*Einatmung von Mageninhalt*), später bestimmte angeborene Störungen wie einen teilweisen Antikörpermangel, Mukoviszidose (eine *erbliche, angeborene Schleimverdickung*) oder einen Mangel funktionsfähiger Wimpernhärchen auf den Zellen der Luftwegsschleimhäute.

Von diesen Erkrankungen ist die Mukoviszidose die häufigste und wird in Deutschland noch bei vielen Kindern recht spät diagnostiziert. Die anderen hier aufgezählten Störungen, vor allem die wirklich bedeutsamen Antikörpermangelzustände, sind jedoch so selten, daß es wenig sinnvoll ist, an dieser Stelle noch weiter auf sie einzugehen.

Bei Kleinkindern kommt als Ursache für anhaltendes Husten und in kurzfristigen Abständen auftretender Bronchitis auch ein unbemerkt in die Luftröhre geratener Fremdkörper in Frage. Da die meisten Fremdkörper auf dem Röntgenbild keine Schatten geben, ist es im Zweifel immer die vernünftigste Vorgehensweise, unter Narkose mit einem Bronchoskop direkt in die Bronchien zu schauen und eventuell gefundene Fremdkörper bei dieser Gelegenheit geich zu entfernen. Lange feststeckende Fremdkörper führen unweigerlich zu Infektionen und können zum Verlust ganzer Lungenabschnitte führen.

Ab dem späten Kindergartenalter treten dann die Allergien als Ursache wiederholten Hustens immer stärker in den Vordergrund. In diesem Lebensalter ist es daher ganz besonders wichtig, sich zu

Darauf sollten Sie achten

- **Vor allem Zwei- und Dreijährige nehmen alles mögliche in den Mund. Achten Sie deshalb darauf, ihrem Kind in diesem Alter kein ungeeignetes Spielzeug in die Hände zu geben.**
- **Insbesondere sollte es keine Erdnüsse bekommen, auch nicht durch ältere Geschwister!**

merken, welche Aktivitäten und Lebensumstände zum Husten führen. Dies ist nämlich die wichtigste Basis der dann beim Arzt einsetzenden Allergie- und Asthmadiagnostik.

Das sollten Sie wissen

- Chronischer Husten ist keine Diagnose, mit der man sich zufriedengeben darf; vor allem dann nicht, wenn das Kind nicht gedeiht.
- Die häufigste sich dahinter verbergende Ursache ist Asthma. Die übrigen Diagnosen sind eher selten und oft erblich. Hier ist eine spezielle Beratung, inbesondere bei der Familienplanung notwendig.

Lungenentzündung

Die Lungenentzündung *(Pneumonie)* ist eine Infektion des Lungengewebes selbst, ausgehend entweder von einer Bronchialentzündung oder durch Eintreten von Bakterien in das Lungengewebe über die Blutbahn. Ursache für die meisten Lungenentzündungen sind Viren, bei denen eine antibiotische Behandlung prinzipiell nichts nützt. Andererseits sind oft virale Infektionen der Bronchien Wegbereiter für nach-rückende Bakterien; ein solches Gespann bilden z.B. Grippeviren und Staphylokokken (Kugelbakterien).
Die Beschreibung von Pneumoniezeichen finden Sie auf der Seite 45. Der Beweis für eine Lungenentzündung erfolgt letztlich durch das Röntgenbild; zu einem starken Verdacht auf Lungenentzündung kann der Arzt aber auch schon durch Abhören der Lunge und Beklopfen der Brustwand gelangen. Ob eine bakterielle Infektion vorliegt, läßt sich meistens aus dem Blutbild und den sogenannten *Entzündungsparametern* (Meßwerten) des Blutes ableiten.

Die Behandlung einer bakteriellen Pneumonie erfolgt durch sieben- bis zehntägige Antibiotikagabe. Diese kann unter ärztlicher Aufsicht zu Hause durchgeführt werden.

Darauf sollten Sie achten

Eine durch die Erkrankung entstehende, ungenügende Atemmöglichkeit (*Insuffizienz*) darf keinesfalls übersehen werden und muß zur sofortigen Krankenhauseinweisung führen. Zeichen hierfür sind:

- **Nach Behandlungsbeginn weiter ansteigender Puls sowie weiter ansteigende Atmungs-Frequenz**
- **Blauverfärbung der Finger oder gar des ganzen Kindes**
- **Bewußtseinstrübung und Unfähigkeit oder Unwille, ausreichend zu trinken.**

Die antibiotische Behandlung muß konsequent durchgeführt werden, da sich bei ungenügend behandelter Lungenentzündung langwierige Infektionen des Brustfells oder abgekapselte Infektionsherde in den Lungen entwickeln können. Diese sind dann nur noch im Krankenhaus behandelbar. Bei diesen Krankheitsverläufen entstehen oft bleibende Lungenschäden. Die gesundheitliche Wiederherstellung nach einer unkomplizierten und ausreichend behandelten Lungenentzündung ist aber normalerweise vollständig.

Vorbeugungsmöglichkeiten für eine Lungenentzündung gibt es leider nicht, außer daß bei einer Bronchitis immer versucht werden sollte, so früh und vollständig wie möglich das Kind zum Abhusten des Schleimes zu veranlassen. Man darf dabei allerdings nicht vergessen, daß gerade kleine Kinder den Schleim stets hinunterschlucken.

Das sollten Sie wissen

- Bakterielle Lungenentzündungen können durch die regelmäßige Einnahme von Antibiotika zu Hause behandelt werden. Die Behandlung muß aber ausreichend lang sein.
- Lungenentzündungen mit Atemstörungen und Blau-Verfärbung sowie Rückfälle müssen im Krankenhaus behandelt werden!

Asthma

Asthma ist eine Erkrankung mit einer periodischer Verengung der Atemwege auf der Grundlage eines überempfindlichen Bronchialsystems.

Ursachen: Asthma gehört zu den Erkrankungen des sogenannten *atopischen Formenkreises*, welche insgesamt familiär gehäuft auftreten. Außer Asthma zählt man noch den *Heuschnupfen* und das *Ekzem* zu diesem Formenkreis.

Der wichtigste Auslöser von Asthma im Kindesalter sind Allergien, die auch dazu beitragen, die Bronchien überempfindlich zu halten. Diese empfindlichen Bronchien reagieren dann wiederum auf verschiedene, den Gesunden nicht weiter beeinträchtigende Luftwegsreizungen mit einer Verengung (*bronchiale Hyperreagibilität*): Beispiele hierfür sind Virusinfekte, Luftverschmutzung, kalte und trockene Luft sowie körperliche Anstrengung. Manchmal reicht aber auch nur rasches Atmen (Lachen) bereits zur Auslösung eines Asthma-Anfalles.

Mit zunehmendem Lebensalter gewinnen dann auch seelische Auslöser an Bedeutung. Aber Achtung: Kinder, die wiederholt an Atemnot leiden, verhalten sich insgesamt anders als der Durchschnitt. Dieses ist nicht zu verwechseln mit den psychischen Auslösern, von denen eben die Rede war. Auch das Verhalten der Eltern solcher Kinder unterscheidet sich übrigens vom Durchschnittsverhalten.

Jene oben bereits angesprochene Verengung der Bronchien beim Asthma läuft einmal rasch ab, nämlich durch ein Zusammenziehen der die Bronchien umschließenden glatten Muskelzellen. Diese sogenannte *Bronchokonstriktion* ist medikamentös noch am einfachsten zu beeinflussen (z. B. durch Inhalation von Beta-Mimetika, Theophyllin).

Die Reaktion der Schleimhaut führt aber, wie in den Anfangskapiteln bereits beschrieben, zu einem akuten und – schlimmer noch – chronischen Entzündungsprozeß. Dieser kann, wenn er erst eingetreten ist, nur mit allgemein-entzündungshemmenden Medikamenten (Cortison) zuverlässig behandelt werden. Der Entstehung des Entzündungsprozesses kann durch Stabilisierung derjenigen Zellen vorgebeugt werden, deren Botenstoffe die Entzündungszellen anlocken (DNCG-, Nedocromil-Inhalation).

Der *chronische Entzündungsprozeß* in den kleinen Bronchien ist nach heutigem Verständnis derjenige Teil des Asthmaprozesses, der die unangenehmsten Dauerfolgen (Überblähung, später Emphysembildung) hervorruft. Er ist deshalb auch das Hauptziel der heutigen ambulanten Asthmatherapie.

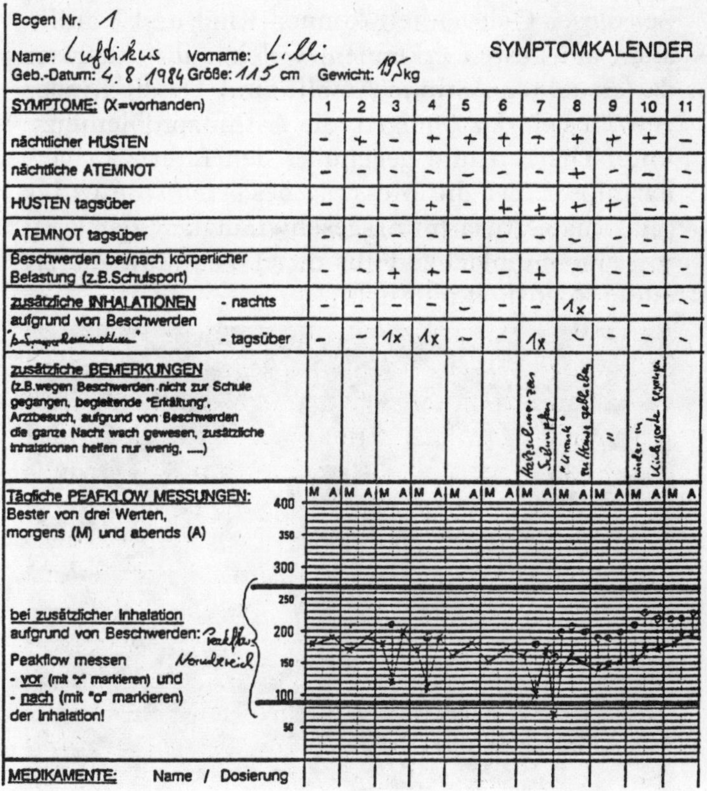
Bogen Nr. 1

Name: Luftikus Vorname: Lilli SYMPTOMKALENDER

Geb.-Datum: 4. 8. 1984 Größe: 115 cm Gewicht: 19,5 kg

SYMPTOME: (X=vorhanden)	1	2	3	4	5	6	7	8	9	10	11
nächtlicher HUSTEN	-	+	-	+	+	+	+	+	+	+	-
nächtliche ATEMNOT	-	-	-	-	-	-	-	+	-	-	-
HUSTEN tagsüber	-	-	-	+	-	+	+	+	+	-	-
ATEMNOT tagsüber	-	-	-	-	-	-	-	-	-	-	-
Beschwerden bei/nach körperlicher Belastung (z.B.Schulsport)	-	-	+	+	-	-	+	-	-	-	-
zusätzliche INHALATIONEN aufgrund von Beschwerden - nachts	-	-	-	-	-	-	-	1x	-	-	-
- tagsüber	-	-	1x	1x	-	-	1x	-	-	-	-
zusätzliche BEMERKUNGEN (z.B.wegen Beschwerden nicht zur Schule gegangen, begleitende "Erkältung", Arztbesuch, aufgrund von Beschwerden die ganze Nacht wach gewesen, zusätzliche Inhalationen helfen nur wenig, ...)							Halsschmerzen, Schnupfen	„krank" zu Hause geblieben	"	wieder in Kindergarten gegangen	

Tägliche PEAKFLOW MESSUNGEN: Bester von drei Werten, morgens (M) und abends (A)

bei zusätzlicher Inhalation aufgrund von Beschwerden: Peakflow messen - vor (mit "x" markieren) und - nach (mit "o" markieren) der Inhalation!

Peakflow Normbereich

MEDIKAMENTE: Name / Dosierung

Abb. 7: Symptomkalender

Wie wird die Diagnose „Asthma" gestellt?
Da Asthma eine Erkrankung mit wechselnder Stärke und auch vollkommen erscheinungsfreien Intervallen ist, läßt sich die Diagnose „Asthma" oftmals durch ein nur einmaliges Untersuchen des Kindes nicht stellen. Sie beruht vielmehr auf der Aufzeichnung der Atembeeinträchtigung über eine längere Zeit.

Bei dieser Gelegenheit können Kind und Familie auch am besten erkennen, welches die Auslöser der einzelnen Asthma-Anfälle sind. Da die Kinder gewöhnlich dazu neigen, die Asthmaprobleme zu unterschätzen und gegenüber den Eltern zu verharmlosen, ist die Messung des *Atemstoßwertes* (maximale Ausatmungsgeschwindigkeit der Luft) mit einem einfachen Hilfsmittel (*Peakflow-Meter*) außerordentlich nützlich.

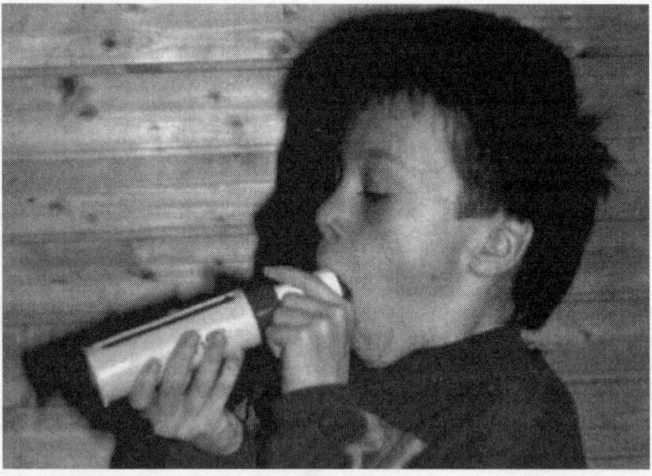

Abb. 7a: Peakflow-Blasen

Diese Art der Protokollierung ist auch für die Demonstration bzw. Beurteilung von Medikamentenwirkungen sehr wertvoll, damit nicht unnötige und wirkungslose Medikamente verabreicht werden.

Das Ziel der ambulanten Asthmabehandlung besteht darin, eine altersentsprechende, durch Sport und Spiel problemlos belastbare Lungenfunktion zu erhalten. Asthma kann jedoch nicht wegtherapiert werden, d. h. es wird zu Zeiten besonderer Belastung (Infektionen, hohe Luftverschmutzung, ungünstige Klimalage, saisonalbedingte hohe Allergenbelastung) immer wieder auch zu Anfällen kommen können. Diese sollten jedoch nicht häufiger als allerhöchstens einmal pro Monat auftreten.

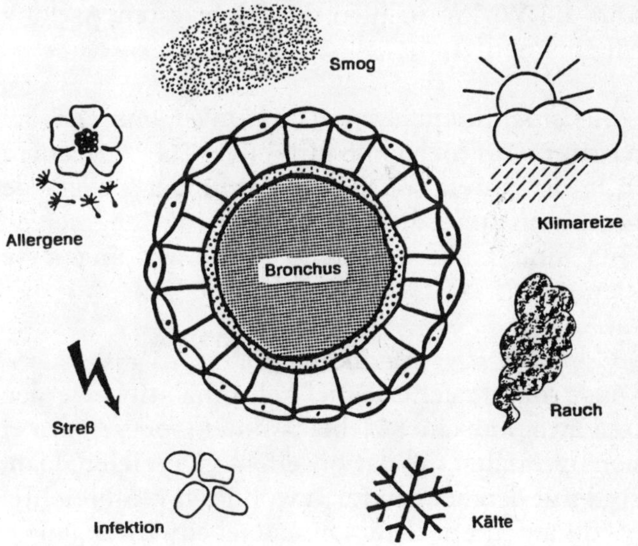

Abb. 8: Asthma-Auslöser

Dieses Behandlungsziel wird nur erreicht werden können, wenn Eltern und Kind eine Vorstellung davon haben, was Asthma ist, wenn sie seine Auslöser (*Allergene*) kennen und ihnen nach Möglichkeit aus dem Wege gehen. Dies gilt vor allem für ganzjährig auftretende Allergene (z. B. Hausstaubmilben).

Außerdem sollten Eltern und Kind über die Art der Wirkung und die möglichen Nebenwirkungen von Asthma-Medikamenten aufgeklärt sein, damit auch in Zeiten der Beschwerdefreiheit ein Durchhalten der Behandlung bis zu dem Zeitpunkt gewährleistet ist, ab dem dann aufgrund der langfristigen Stabilisierung die Medikamente Schritt für Schritt reduziert werden können. Hier nun die Wirkprinzipien der wichtigsten Asthma-Medikamente:

– *Basismedikamente (entzündungshemmend)* Dinatrium-cromoglycin-Säure (DNCG), Nedocromil: Sie führen zur Stabilisierung der Zellen, deren Botenstoffe die Entzündung in Gang setzen. Hier sind praktisch keine Nebenwirkungen bekannt.

– *Cortisonartige Medikamente*
Diese sollen nach Möglichkeit inhalatiert werden, und zwar aus einer Nebelkammer (*Spacer*), um einen optimalen Inhalationseffekt zu erzielen. Dann sind mit den bei den für gewöhnlich verabreichten Medikamentendosen keine Nebenwirkungen zu befürchten.

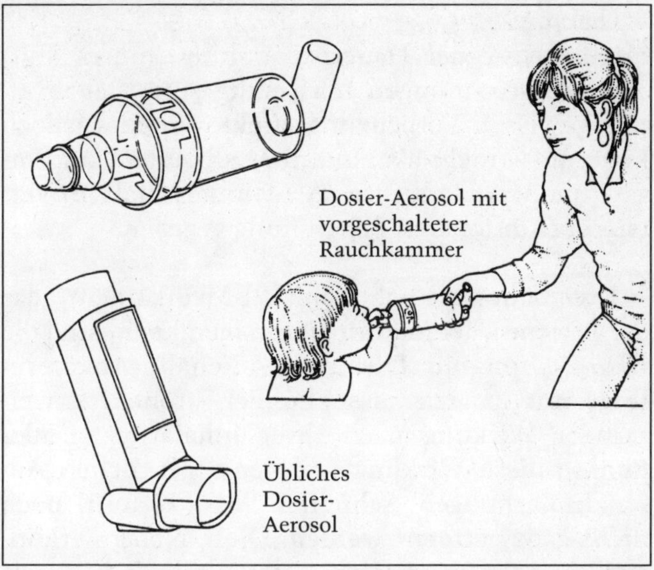

Abb. 9: Inhalationshilfe

Als Nebenwirkungen sind bekannt: Pilzbesiedlung im Mund und eine rauhe Stimme durch Wirkung auf den Kehlkopf. Bei Übertritt großer Mengen in den Kreislauf, was vor allem bei unsachgemäßer Inhalation eintritt, kann die körpereigene, der Tageszeit jeweils angepaßten Cortisonproduktion des Kindes beeinträchtigt werden. Mögliche weitere Nebenwirkungen wie Infektanfälligkeit, Wachstumsbehinderung und Bluthochdruck, die bei Einnahme von Cortisonpräparaten häufig beobachtet werden, sind bei der inhalativen Gabe jedoch extrem selten.

– *Theophylline*
für die bei einer Dauerbehandlung immer Blutspiegelbestimmungen notwendig sind, haben einen gewissen Vorbeugungseffekt. Sie sind jedoch heutzutage mehr als Notfall-Medikament im Einsatz und werden bei jedem Asthma-Anfall im Verlauf der stationären Behandlung gegeben.

– Das hauptsächliche Notfall-Medikament, das der Patient jederzeit mit sich tragen kann, sind die *Beta-2-Mimetika.* Dies sind Adrenalin-Abkömmlinge mit nahezu ausschließlich bronchenerweiternder Wirkung nach ihrer Inhalation. Leider konnte diese Wirkung von den eigentlichen Adrenalinwirkungen (schneller Puls, Zittern) noch nicht ganz getrennt werden. Diese Nebenwirkungen bestehen also nach wie vor, weshalb die Dosis darauf abgestimmt werden muß.

Die funktionell günstigste Inhalationsform ist die mit einem *Druckluftvernebler.* Unterwegs ist diesem jedoch ein sogenanntes *Dosier-Aerosol* wegen seiner einfachen Handhabung eindeutig überlegen.

Die Asthmabehandlung mit nur diesen bronchialerweiternden Beta-Mimetika ist in den letzten Jahren als wahrscheinliche Ursache vermehrter Asthma-Todesfälle bei Jugendlichen und jungen Erwachsenen beschrieben worden. Neben den Nebenwirkungen auf das Herz-Kreislauf-System kann die *unkontrollierte Verwendung* von Beta-Mimetika nämlich eine Überblähung unter Umständen sogar noch verschlimmern und damit einen kritischen Zustand bei einem Asthma-

Anfall hervorrufen. Die speziell durch den Arzt verordnete, dem jeweiligen Patienten angemessene entzündungshemmende Basistherapie ist deshalb die beste Sicherheit vor lebensbedrohlichen Anfällen.

Vorbeugung: Vorbeugende Maßnahmen gegen Asthma sind besonders wichtig in den Familien, in denen beide Eltern unter einer atopischen Erkrankung, insbesondere unter Asthma leiden. Hier sollte versucht werden, das Baby ein halbes Jahr lang zu stillen und erst mit einem Jahr Nahrungsmittel, die häufig Allergien auslösen (wie Milch, Hühnerei und Fisch), zu füttern.

Es scheint auch sinnvoll zu sein, die Umgebung des Kindes möglichst frei von Hausstaubmilben zu halten. Die dafür wirkungsvollste Maßnahme ist das Einschließen der Matratze in eine Hülle (Versiegelung), die milbendicht, aber dennoch atmungsaktiv ist. Des weiteren sollten von vornherein im Haushalt keine Tiere gehalten werden, und die Eltern auf keinen Fall rauchen. Auch häufiges Staubsaugen und Naßwischen mögen Hausstaubmilben überhaupt nicht.

Ob diese Maßnahmen dauerhaft einem Auftreten von Asthma vorbeugen können, ist Gegenstand noch laufender Untersuchungen; immerhin konnte aber bereits ein Aufschub der ersten Erscheinungen einer asthma-artigen Atemwegsverengung bei der Hälfte solcher sehr gefährdeten Kinder um ein bis zwei Jahre erreicht werden.

Sind dagegen schon Asthma-Erscheinungen aufgetreten, so ist – bei bekannten Allergieursachen –

die Ausschaltung ganzjährig wirksamer Allergene eine sehr erfolgversprechende Maßnahme (s. obiges Beispiel der Hausstaubmilbe).

Abgesehen von der medikamentösen Vorbeugung sind Sportarten, die für den Asthmatiker günstig sind (Schwimmen, Laufen mit langer Aufwärmphase), durch ihren Trainingseffekt auch günstig zur Vorbeugung von Asthma. Es gibt gerade im Schwimm- und Leichtathletikbereich Olympiasieger und Weltmeister mit Asthma, deren Leistungen zeigen, daß sich ein Kind mit Asthma auf keinen Fall sportlich „schonen" oder im Schulsport zurückhalten lassen sollte. Hier ist ein offenes Besprechen der Probleme des Kindes mit dem Lehrer der richtige Weg. Gerade im frühen Schulalter werden ja Kinder, die am Sportunterricht nicht teilnehmen oder schlechte Leistungen bringen, rasch zu Außenseitern in der Klasse. Dies zu vermeiden, ist eine weitere zentrale Aufgabe der Asthma-Prävention.

Asthmatiker stellen die für *Luftverschmutzung* empfindlichste Bevölkerungsgruppe dar. Von daher ist die Luftqualität bei der Wohnortwahl sicher ein Faktor, der berücksichtigt werden will.

Sowohl zur „Flucht vor Allergenen" als auch für den Versuch der Stabilisierung sind Klimakuren geeignet. Der Kurort sollte jedoch unter Berücksichtigung bekannter Allergien und Jahreszeiten so gewählt werden, daß ein optimaler Erfolg von vornherein gesichert erscheint (z. B. Hochgebirge für Hausstaubmilben-Allergiker).

Bei der sehr geringen Zahl von kindlichen Asthmatikern, bei denen keine allergische Verursachung vorliegt und seelische Auslöser erkennbar sind, ist auch eine psychotherapeutische Behandlung sinnvoll. Desgleichen bei solchen Kindern, bei denen die heutzutage eigentlich zum Standard gehörende Entspannungstherapie keinen günstigen Einfluß auf die entstandenen Asthma-Bewältigungs-Probleme des Kindes hatte.

Die *Aussichten* eines Asthmatikers im Kindes- und Jugendalter sind keinesweg schlecht. Nur jeder zweite von ihnen leidet auch noch als Erwachsener unter Asthma-Erscheinungen. Die Chance, das Asthma ganz zu verlieren, ist umso größer, je schwächer die Krankheitserscheinungen im Kindesalter gewesen sind. Dies gilt wohl auch dann, wenn der günstige Zustand durch eine konsequente Behandlung erreicht werden konnte.

Diese an sich günstigen Zukunftsaussichten ergaben sich bei Nachuntersuchungen jetziger junger Erwachsener. Es bleibt zu hoffen, daß der heutigen Generation kindlicher Asthmatiker nicht durch die zwischenzeitlich schlechtere Luftqualität auch noch diese Prognose verschlechtert wird.

Umgang mit Asthma

Chronische oder periodisch auftretende Erkrankungen verändern das Leben des Patienten, der Familie und seine Beziehungen zur Umwelt, das heißt bei Kindern: zu Klassenkameraden, Freunden und Erziehern. Auch wenn der Betreffende

Das sollten Sie wissen

- Die Veranlagung zu Asthma ist erblich.
- Kindliches Asthma entsteht durch Allergien. Der Allergisierung muß daher in vorbelasteten Familien vorgebeugt werden (Stillen, Reduktion der Allergene).
- Asthma tritt periodisch auf bei allgemeiner Empfindlichkeit der Bronchien. Weil dies entzündlich bedingt ist, wirken die Basis-Medikamente anti-entzündlich; die Anfalls-Medikamente erweitern die Bronchien.
- Für die praktischen Probleme mit Asthma im täglichen Leben benötigt das Kind medizinische Unterweisung und wiederholtes Verhaltenstraining.

sein jeweiliges Einzelschicksal tragen muß, so sind doch Gemeinsamkeiten bei allen Betroffenen zu sehen.

Die wichtigsten Punkte, an denen persönliche Schwierigkeiten oder solche mit der Umgebung entstehen können, sollen deshalb hier am Beispiel des Asthmas kurz angesprochen werden, das die häufigste chronische oder wiederholt auftretende Lungenerkrankung ist. Abgesehen davon liegen zu den hierbei auftretenden Problemen und ihrer Bewältigung auch die meisten Untersuchungen vor.

Ein nicht unwesentlicher Bestandteil der Asthmatherapie ist die regelmäßige Dauertherapie, die ja im wesentlichen durch Inhalationen erfolgt. Benutzt man hierzu Druckluftvernebler, so ist – auf den ganzen Tag gesehen – ein Zeitaufwand von bis zu einer halben Stunde nötig. Solche Zeiten stehen aber im Tagesablauf auch eines Kindes nicht so einfach zur Verfügung. Sie müssen daher von vornherein eingeplant werden, damit Inhalieren nicht als stressig erlebt wird.

Ein besonderes Problem entsteht dann, wenn das Kind außerhalb der eigenen Familie lebt (Besuche, Ferienfreizeiten usw.) Dann muß zuvor mit den Gastgebern und Aufsichtspersonen besprochen werden, wie der Tag des Kindes abläuft. Bei dieser Gelegenheit wird dann zwar die Sonderrolle des Kindes sichtbar. Durch die geschickte Regelung der Abläufe kann aber vermieden werden, daß das Kind seine Behandlung entweder nicht durchführt, weil es sich schämt, oder weil es durch dauernd notwendige Kämpfe um die Zeiten für die Inhalation in eine Rolle gerät, in der es „dauernd" etwas besonderes will.

Eine medizinische Dauertherapie ist für jeden Menschen schwer durchzuhalten, vor allem in den Zeiten, in denen keine gesundheitlichen Probleme auftreten. So nimmt beispielsweise höchstens die Hälfte aller Erwachsenen, die „nur" Tabletten einnehmen müssen, diese auch wirklich regelmäßig ein.

Schon allein deshalb sollte man bei einzelnen Therapie-Aussetzern nachsichtig sein. Diese sind ohnehin ganz selten Grund für eine aktuelle Verschlechterung, sie sollten vielmehr zum Anlaß genommen werden, mit dem Kind zu sprechen, um seine erneute und fortdauernde Zustimmung zu einer Art Behandlungsvertrag zu erhalten. Das meint: Wenn das Kind seine Krankheit verstanden hat, wird es seine Medikamente eher einnehmen. Von außen erhält es die notwendige Unterstützung zur Durchführung der Therapie und die Zusicherung, immer nur die tatsächlich notwendige Therapie durchführen zu müssen. Dies wiederum geschieht, wie oben schon beschrieben, auf der Basis der Aufzeichnungen des Kindes über die alltägliche Belastbarkeit und regelmäßiger klinischer Untersuchungen.

Nicht alle Asthmatiker brauchen jedoch eine Dauertherapie. Sie müssen dann mit der Tatsache der besonderen bronchialen Empfindlichkeit und, bei Anfällen, mit der zeitweisen Einschränkung ihrer Leistungsfähigkeit zurechtkommen, wobei letztere teilweise unvorhersehbar eintritt. Für solche Notfälle müssen sie und ihre Umgebung vorbereitet und sicher in der Anwendung ihrer Notfallmedikamente sein. Dies Gefühl der Sicherheit ist deswegen so bedeutsam, weil Unsicherheit und Angst jeden Anfall noch zusätzlich verschlimmern.

Was bedeutet dies nun für die Familie und für Betreuungspersonen in Kindergarten und Schule?

Zum ersten müssen alle, die für ein solches Kind Verantwortung tragen, wissen, daß es Asthma bekommen kann. Nichtwissen und Unvorbereitetsein auf einen Anfall birgt die größte Gefahr für ein solches Kind. Die erste Tatsache, die grundsätzlich bekannt sein muß, ist die Überempfindlichkeit der

Bronchien. Weiß man darum, so können gefährliche Situationen von vornherein gemieden werden, so z.B. verrauchte Gasthäuser. Man kann das Kind auf asthma-auslösende Situationen angemessen vorbereiten (z.B. sinnvolles Aufwärmen beim Sport) und ist gefaßt auf Anfälle, wenn den Auslösern nicht ausgewichen werden kann (z.B. einer beginnenden grippalen Erkrankung).

Auch für Eltern und Betreuer stellt es einen großen Fortschritt dar, den Verlauf einer Erkrankung einigermaßen berechnen zu können. Dies gilt besonders auch für die Sicherheit, die entsteht, wenn die Notfalltherapie nachvollziehbar besprochen wurde oder sogar praktisch eingeübt ist.

Mehr Wissen, mehr Vorausschau und mehr Übung in der Behandlung bedeuten tatsächlich weniger Unsicherheit und weniger „Angst" vor dem asthmakranken Kind. Ganz werden diese Gefühle zwar nie verschwinden. Sie werden jedoch nur so stark sein wie bei den anderen Dingen im täglichen Leben, bei denen einmal „etwas schieflaufen" kann. Es wird aber jedenfalls nicht mehr so sein, daß man, sobald man das Kind sieht, sofort in dauernde Furcht vor einem Anfall gerät. Im übrigen wirkt sich die eigene größere Gelassenheit auch positiv auf das betroffene Kind selbst aus.

Wie kommen nun asthmakranke Kinder mit Gleichaltrigen zurecht und was sind sinnvolle Hilfestellungen?

Zumindest im Schulalter ist eine Aufklärung über die vorhandenen und möglicherweise eintretenden Schwierigkeiten des Kindes der erste Schritt zum richtigen Umgang mit ihm. Kindern kann man jedoch nicht zumuten, den Krankheitsmechanismus zu verstehen. Es genügt, die Tatsache bekannt zu machen, daß der oder die Betroffene „manchmal schlecht Luft bekommt" und über die Dinge zu informieren, die dazu führen: z.B. „wenn er zu schnell losrennt; wenn sie in Räume mit schlechter Luft kommt; wenn er oder sie Schnupfen haben". Wichtig ist auch darauf hinzuweisen, daß Asthma keine Störung ist, die durch einmaliges „Einwerfen von Tabletten" behoben werden kann oder sonst eine medizinische „Abschaltmöglichkeit" besitzt.

Da diese letzte Feststellung für viele andere gesundheitliche Störungen auch zutrifft, lohnt es sich, bei einer solchen Gelegenheit diesen Sachverhalt überhaupt einmal zu besprechen. Die Situation eines asthmakranken Kindes, Spielkameraden oder Freundes kann also in diesem Sinne auch einmal genützt werden zum Erlernen von Rücksichtnahme überhaupt, die ja gegenüber vielen und keineswegs nur kranken Menschen angebracht ist.

Die größten praktischen Probleme haben asthmakranke Kinder durch ihre vorübergehende Leistungseinschränkung vor allem auf sportlichem Gebiet. Hier wird auch die Aufklärung der Gleichaltrigen allein nicht zum Ziel führen. Es muß deshalb versucht werden, die allgemeine körperliche Belastbarkeit in Spiel und Sport dem Durchschnitt anzunähern, was ja ohnehin Ziel der Asthmabehandlung ist. Darüber hinaus sollten die Asthmakinder zu Sportarten hingeführt werden, in denen sie mindestens durchschnittliche, trainingsbedingt sogar vielleicht überdurchschnittliche Leistungen erbringen können, um dadurch ihr „Behinderten-Image“ loszuwerden. Dies sind insbesondere asthmageeignete Ausdauersportarten wie Schwimmen oder die Mannschaftssportarten, bei denen eher die Gewandtheit als die maximale Lungen- und Kreislaufbelastbarkeit eine Rolle spielen, so z. B. Volleyball.

Möglicherweise werden Sie sich nun gewundert haben, warum hier zunächst die Maßnahmen im Umfeld des Kindes besprochen wurden. Dies beruht schlicht auf der Tatsache, daß für ein Kind das Gefühl des Wohlbefindens wesentlich davon abhängt, wie es in einer größeren oder kleineren Gruppe anderer Kindern aufgenommen wird und gar nicht so sehr davon, wie gut oder schlecht, objektiv betrachtet, das Asthma behandelt wird. Auch die folgenden drei Hilfen haben in diesem Sinne schon wieder einen direkten Zusammenhang mit der personalen Umwelt des Kindes:

1) Dem Kind werden, meist im Rahmen von Asthma-Schulungen, Entspannungstechniken, z. B. ein kindgerechtes autogenes Training in Form von Erlebnisreisen, angeboten und mit ihm eingeübt.

2) Die Kinder sollen in Rollenspielen lernen, ihre berechtigten Wünsche – z. B. das Unterlassen von Rauchen in ihrer Umgebung oder eine langsame Anlaufphase bei körperlichen Aktivitäten – ge-

genüber Erwachsenen und Gleichaltrigen so zu artikulieren, daß sie mit ihrem Wunsch auch Erfolg haben.

3) Zwischen Eltern und Kind muß das richtige Gleichgewicht gefunden werden; d. h. es muß ein Gleichgewicht bestehen zwischen dem Wunsch der Eltern nach einer totalen Kontrolle, u. a. der Therapie, „damit ja nichts schiefläuft", und der altersentsprechend möglichst selbständigen Behandlungsführung durch das Kind selbst.

Dies ist ein für die Gesamtfamilie besonders wichtiger Aspekt, der für alle chronischen Erkrankungen bedeutsam ist. Denn es besteht die Gefahr, daß die Familie ihren Tagesablauf, ihre Urlaubsplanung oder gar ihren gesamten Lebensplan um die Bedürfnisse des Asthma-Kindes herum aufbaut. Dies birgt insbesondere Probleme für Geschwister, die sich dann automatisch benachteiligt oder vernachlässigt fühlen.

Da es auf diesen Gebieten, also der Beschränkung des Kindes durch die Durchführung seiner Therapie und der Einschränkung der Familie durch das chronisch kranke Kind, häufig zu scheinbar unlösbaren Konflikten kommt, hat man sehr viel über entsprechende Lösungsmöglichkeiten nachgedacht und geforscht. Kinder und Familien, die „mit der Krankheit einfach nicht zurechtkommen", obwohl medizinische Behandlung in ausreichendem Maß vorhanden ist, können mit guter Aussicht auf Hilfe z. B. von ihrem behandelnden Arzt an diesbezüglich erfahrene Psychologen verwiesen werden.

Luftverschmutzung, Luftschadstoffe

Das Wissen über die Wirkung der Luftverschmutzung ist in der Öffentlichkeit meist nur bruchstückhaft. Oft geht es dabei mehr um die Sensation als um die tatsächlichen Ergebnisse wissenschaftlicher Untersuchungen. Um mit den verschiedenen Meldungen besser zurechtzukommen, ist es notwendig, sich einmal einen solchen Untersuchungsgang klarzumachen. Dies erfordert zunächst keinerlei Sachwissen, sondern nur logisches Denkvermögen, keine statistischen Kenntnisse, sondern eine verständige Naturbeobachtung.

Nehmen wir also an, wie es ja tatsächlich geschehen ist, daß besorgten Eltern im Ruhrgebiet aufgefallen ist, daß zu Zeiten hoher Luftbelastung durch Heizkraftwerke der Pseudokrupp häufiger auftritt. Man kann sich nun eines Schadstoffs in den Abgasen der Heizkraftwerke annehmen, zum Beispiel Schwefeldioxyd, und schauen, ob es mit ansteigenden Konzentrationen die Luftwege von Versuchstieren schädigt. Dies ist ein naturwissenschaftlicher Versuch, der wahrscheinlich ein klares Ergebnis liefert. Dieses Ergebnis wird lauten: Ja, je höher die Schwefeldioxydkonzentration in der Einatemluft ist, desto größer sind die Schäden an Bronchien und Lunge.

Das so formulierte Ergebnis ist aber aus dreierlei Gründen nicht sehr bedeutsam für die tatsächliche Situation, denn

1) wurde aus der Gesamtheit der Luftschadstoffe, die das Heizkraftwerk ausstieß, nur das Schwefeldioxyd untersucht. Daneben gibt es natürlich Stickoxyd, Stäube und andere Stoffe, die wir zum Teil nicht kennen oder nicht messen können. Trotzdem ist es natürlich sinnvoll, einzelne, gut meßbare und von der Wirkung her definierte Substanzen in der Luft zu messen. Man nennt sie dann die *Leitsubstanzen*. Sie können mit den gleichen Meßmethoden an verschiedenen Orten gemessen werden und damit die Basis bilden für den Vergleich der jeweiligen Luftverschmutzung. Es ist aber nicht so, daß sie allein das schädigende Prinzip darstellen würden. Dieses ergibt sich erst durch die Gesamtzusammensetzung der Luft.

2) Die oben angesprochene Untersuchung wurde mit Versuchstieren durchgeführt. Diese können empfindlicher oder auch unempfindlicher als Menschen sein. Daher haben solche Untersuchungen auch nur eine beschränkte Aussagekraft über die schädigende Wirkung des Luftschadstoffes auf die Menschen. Üblicherweise werden im Labor auch Tiere einer ganz bestimmten Rasse (z. B. bestimmte Rattenstämme) getestet. Auch dies trifft so ja für den Menschen nicht zu. Eine Bevölkerung setzt sich aus den verschiedenartigsten Menschen mit ganz unterschiedlichen genetischen Bedingungen zusammen. Im Fall von Luftschadstoff-Belastungen ist insbesondere die genetische Belastung mit atopischen Erkrankungen (Ekzem, Heuschnupfen, Asthma)

wissenswert. Da wir wissen, daß solche Menschen leichter Probleme mit den Atemwegen bekommen, sind sie diejenigen, die als sogenannte „Extremgruppe" untersucht werden müssen, wenn man annimmt, daß ein Schadstoff nur eine geringe Wirkung auf Menschen hat. Diese hochempfindliche Gruppe würde voraussichtlich auch dann noch beeinträchtigt werden, wenn bei der Durchschnittsbevölkerung keine Beeinträchtigung zu erkennen wäre.

Bei einer unbekannten Schadstoffwirkung müssen jedoch alle, empfindliche und unempfindliche Personen untersucht werden. Da sich ja nicht mit einem Schlag alle Luftschadstoffe beseitigen lassen, wird man zunächst gut daran tun, diejenigen herauszufinden, die auch bei Gesunden Probleme hervorrufen, mithin diejenigen, die am aggressivsten sind und dann die ersten Maßnahmen darauf richten, diese zu reduzieren.

3) Meist sind Tierversuche nicht darauf angelegt, die Wirkung von Luftschadstoffen auf wachsende Organismen zu untersuchen. Auch verläuft die „Verabreichung" der Schadstoffe nur ganz selten so, wie es im Menschenleben vorkommt, das heißt mit täglichem Konzentrationswechsel und jahreszeitlichen Schwankungen. Auch lassen sich die Kombinationswirkungen von Luftschadstoffen, Infektionen und Allergenen nur teilweise so gestalten, wie sie in der Natur vorkommen.

Zusammenfassend kann man also sagen, daß derartige Untersuchungen an Tieren den hauptsächlichen Zweck haben, den Schädigungsmechanismus zu erkennen, daß aber für die Erkennung von

Schadstoffwirkungen auf den Menschen andere Untersuchungsmethoden nötig sind. Als Parallele zum oben beschriebenen Tierversuch sind noch Experimente mit Freiwilligen vorstellbar, in denen die Prüflinge vorher genau festgelegte Schadstoffe einatmen und ihre Lungenfunktion gemessen wird. Solche Untersuchungen sind jedoch an Kindern undenkbar.

Die beste Erkenntnis der Zusammenhänge gewinnen wir aus *epidemiologischen Untersuchungen* (die *Epidemiologie* ist in der Medizin die Lehre von der statistischen Häufigkeit von Störungen unter den unterschiedlichsten Bedingungen):

Die einfachste vorstellbare Untersuchung wäre, Kinder aus Gegenden mit hoher Luftverschmutzung mit Kindern zu vergleichen, die in sogenannten Reinluftgebieten leben. Wenn wir dies tun wollen, müssen wir sicherstellen, daß die Gesundheitsschädigungen, die wir als Folge der Luftverschmutzung vermuten, in beiden Gebieten erfaßt werden können. Am sichersten ist dies möglich mit *prospektiven Studien*, das heißt mit Studien, bei denen Eltern und Ärzten am Anfang der Untersuchung genau erklärt wird, was z. B. als Krupphusten, was als Bronchitis und was als Asthma-Anfall bewertet werden soll. Die Teilnehmer und ihre Eltern müssen dann in regelmäßigen Abständen befragt werden, ob solche Ereignisse aufgetreten sind, bzw. die Möglichkeit haben, im Zweifel das Kind einem Untersucher der Studie vorzustellen. Ein gewisser Nachteil dieses Vorgehens: Vor allem, wenn solche Studien über mehrere Jahre gehen, werden sie sehr teuer.

Man behilft sich daher mit Studien, in denen zu einem bestimmten Zeitpunkt alle Kinder einer bestimmten Altersklasse Fragebögen für Eltern und Ärzte erhalten, in denen nach den interessierenden Luftwegs-Erkrankungen gefragt wird. So deutlich diese Fragen auch sein mögen, ihre Beantwortung hängt natürlich sehr viel mehr als im oben beschriebenen Beispiel von der Erinnerungsfähigkeit und Einschätzung der verschiedenen Krankheitsbilder durch Eltern und Ärzte ab. Die Grenzen einer solchen Befragungsaktion wurden z. B. erkennbar, als 1989 gleiche Fragen an Familien und Ärzte aus München und Leipzig gestellt wurden. In Leipzig, einem Gebiet mit hoher Schwefeldioxyd- und Staubbelastung, war die Zahl der Bronchitisfälle deutlich höher als in München, jedoch die Asthma-Häufigkeit ungefähr gleich und die Heuschnupfen-Häufigkeit sogar geringer als in München, wo im wesentlichen eine Belastung durch Stickoxyd während der Wintermonate vorherrscht. Die Untersucher haben sich dann sehr wohl fragen müssen, ob ihre Untersuchung wirklich ein Abbild der tatsächlichen Häufigkeiten ergeben hat oder ob die verschiedenen Krankheitsauffassungen zu einem schwer interpretierbaren Ergebnis geführt haben.

Schwierigkeiten bestehen auch bei der Erfassung von Asthma, das ja keine Erkrankung ist, die an einem Laborwert aus dem Blut oder durch einen einzelnen Lungenfunktionstest festgestellt werden kann. Hier haben sich Fragen nach asthmatypischen Krankheitszeichen (Husten und Atemnot bei Anstrengung, nächtliches und frühmorgendliches Husten, Husten und Atemnot in den Sommermonaten bei Pollen-Allergikern) noch besser bewährt als die Frage, ob bei dem Kinde schon einmal Asthma durch einen Arzt diagnostiziert worden ist.

Wir haben nun bei unserem ersten epidemiologischen Fallbeispiel nur auf den Unterschied der Gesamtschadstoffbelastung in der Außenluft geachtet. In Wirklichkeit aber genügt eine solche globale Messung z. B. für eine ganze Region nicht, um die Belastungen einzelner Kinder korrekt zu erfassen. Vor allem im Winter wird ja der größte Teil des Tages in geschlossenen Räumen verbracht. Die Messung der Innenluftbelastung wäre also wichtig. Dies ist wiederum sehr aufwendig und teuer. Es muß darüber hinaus festgestellt werden, ob ein Kind im elterlichen Haushalt passiv rauchen muß, welche Infektionen es durchmacht und ob es allergisch belastet ist oder selber schon Allergien hat. Denn von all diesen Dingen wissen wir, daß sie den Zustand der Luftwege beeinflussen. Ihre Wirkung muß also in die Bewertung der Ergebnisse mit einbezogen werden, wenn über die Wirkung von Außenluftschadstoffen eine Aussage gemacht werden soll.

Dies geschieht normalerweise so, daß aus den Untersuchten jeweils zwei Gruppen gebildet werden, z. B. die Gruppe der Passivrauchenden und Kinder aus Nichtraucherhaushalten. Ergeben sich dann für die Passivraucher mehr Erkrankungen, so wird das Passivrauchen als Neben-Einfluß-Faktor in die Endberechnung mit aufgenommen werden.

Genauso verfährt man mit anderen vermuteten Neben-Einfluß-Faktoren. Die Endberechnung berechnet die Wirkung der Luftschadstoffe unter Berücksichtigung aller Neben-Einfluß-Faktoren („Herausrechnen"). Das komplizierte Berechnungsverfahren resultiert gewöhnlich in der Angabe eines *relativen Risikos*, das heißt der Angabe, wieviel mal häufiger ein Kind, das einer bestimmten Menge Schadstoffen ausgesetzt ist, eine Luftwegserkrankung (z. B. Asthma) entwickelt als ein Kind, das dem Schadstoff nicht ausgesetzt ist. Für die Angaben der Risikogröße wird dann auch noch eine Zuverlässigkeit berechnet, aus der man ableiten kann, daß tatsächlich ein deutlicher Unterschied zwischen Belasteten und Nichtbelasteten besteht.

Epidemiologische Studien sind aus sich heraus nicht dazu geeignet, die Ursächlichkeit bestimmter Einflußfaktoren, wie z. B. Schadstoffe, für bestimmte Lungenerkrankungen zu beweisen. Allenfalls kann dann ein Hinweis auf die Ursächlichkeit gewonnen werden, wenn sich eine sogenannte *Dosiswirkungsbeziehung* nachweisen läßt; das heißt, wenn Kinder mit höheren Schadstoffbelastungen auch häufiger die in Frage kommende Erkrankung haben.

Immer ist jedoch zu bedenken, daß die in die Berechnung eingegangene Leitsubstanz vielleicht gar nicht der hauptwirksame schädliche Bestandteil ist. Will man nun die Luftbelastung und damit die schädliche Wirkung auf die Atemwege reduzieren, geht man daher besser so vor, daß bei der Quelle des Schadstoffausstoßes (*Hauptemittenten*) nicht die ausgestoßene Menge der Leitsubstanz (z. B. Stickoxyde beim Automobil) vermindert wird, sondern die gesamte Schadstoffemission verringert wird (z. B.: Insgesamt weniger Autofahren).

Das sollten Sie wissen

- Aus epidemiologischen Studien kann man ableiten, *ob* ein Luftschadstoff eine Gesundheitsstörung hervorrufen *kann*.
- Andere mögliche Ursachen für diese Gesundheitsstörung müssen jedoch ebenfalls berücksichtigt werden.
- In Laborexperimenten kann man zeigen, daß und wie einzelne Schadstoffe Gesundheitsschäden hervorrufen.
- Einzelne Schadstoffe können in der Praxis immer nur Leitsubstanz sein, mit der ein Schadstoffgemisch meßbar gemacht wird.
- Gesundheitspolitisch ist es daher sinnlos, die Leitsubstanz in einem Gemisch zu reduzieren, ohne die Gesamtmenge der Schadstoffe zu reduzieren.

Vor diesem Hintergrund wollen wir nachfolgend kurz die wichtigsten Erkenntnisse über die Zusammenhänge von bestimmten Luftschadstoffen und Atemwegserkrankungen zusammenfassen.

Krupp und Luftschadstoffe

Eine Häufung von Krupphusten ist Anfang der 80er Jahre hauptsächlich im Zusammenhang mit hochgradiger Luftverschmutzung gesehen worden, wie sie insbesondere bei der Kohleverbrennung entsteht. Die Leitsubstanzen hierfür sind das Schwefeldioxyd (SO_2) und die Verbrennungspartikel. Gerade aber am Beispiel von Schwefeldioxyd ist in Köln gezeigt worden, daß bei hohen Schwefeldioxydwerten nicht unbedingt die größten Häufigkeiten von Krupp auftreten.

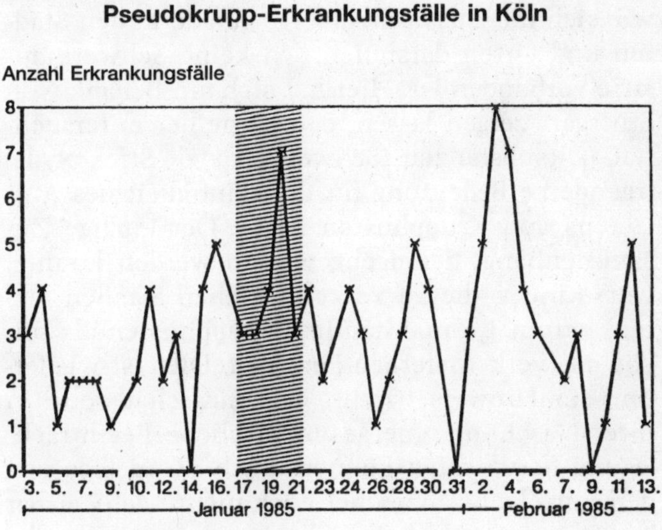

Abb. 10: Pseudokruppfälle während der Smogepisode 1985 (schraffiert) sowie davor und danach am Beispiel Köln

Seit dieser Zeit hat sich in den westdeutschen Industriegebieten aufgrund der sog. *TA Luft*, einer Vorschrift für die Abgasreinigung im industriellen Bereich, einiges getan. Die Belastung mit SO_2 und Stäuben ist deutlich zurückgegangen. Eine Belastung mit diesen Substanzen finden wir augenblicklich in abnehmendem Maße nur noch in Ostdeutschland. Mittelfristig wird jedoch diese Art der Luftverschmutzung, die durch SO_2 als Leitsubstanz gekennzeichnet ist, glücklicherweise keine wesentliche Rolle mehr spielen.

Trotzdem gibt es aber weiter Krupp. Dieser ist ja im Grunde eine Infektionskrankheit, wobei die Luftschadstoffe die Häufigkeit seines Auftretens beeinflussen. Es müßte also untersucht werden, wie sich die Zusammenhänge gerade in den Städten und Orten darstellen, wo keine Schwerindustrie vorhanden ist. Hier hat sich am Beispiel von Stuttgart zeigen lassen, daß keine der untersuchten Leitsubstanzen (Schwefeldioxyd, Stickoxyde) irgendeine Bedeutung für die Häufigkeit des Auftretens von Krupphusten hatte. Der einzige Zusammenhang, der nachgewiesen werden konnte, war: Kinder, die an verkehrsreichen Straßen lebten, hatten 1,5 mal häufiger Krupphusten als solche aus verkehrsfernen Bezirken. Dies ist wiederum ein Hinweis darauf, daß Luftschadstoffe in ihrer Mischung eine gesundheitliche Beeinträchtigung hervorrufen können, auch wenn dies von den Einzelsubstanzen her noch nicht nachweisbar ist. Dieses Ergebnis besteht, auch wenn man die anderen erkennbaren Einflußfaktoren für die

Krupphäufigkeit in Betracht zieht, nämlich den Ausbildungsstand und die Nationalität der Eltern; beides mag die Krankheitserkennung und -mitteilung beeinflussen.

Es ist ein Verdienst der durch die Kinder mit Krupphusten alarmierten Eltern und Ärzte, durch ihren Einfluß auf die politischen Entscheidungsträger dazu beigetragen zu haben, daß sich in einigen Bereichen die Luftqualität deutlich gebessert hat. Dies ist ein Glück auch und vor allem für diejenigen Kinder, die noch deutlich stärker unter schlechter Luftqualität zu leiden haben als die Krupp-Kinder, nämlich diejenigen mit Asthma. Da Asthma in jenen Jahren aber eher ein versteckt gehaltenes Leiden war, besaßen diese Kinder keine eigene starke Lobby.

Luftschadstoffe und Asthma

Beim Asthma müssen zwei Wirkungen der Luftschadstoffe getrennt betrachtet werden. Eine Frage ist dementsprechend, ob bestimmte Luftschadstoffe Asthma-Anfälle bei Asthmatikern hervorrufen können, die andere – wichtigere – ob sie gesunde Kinder zu Asthmatikern machen können. In diesem Zusammenhang will ich hier nicht weiter davon sprechen, daß der schwerwiegendste Faktor in der Asthmaentstehung natürlich die familiäre Belastung durch Asthma ist. Alle Ergebnisse, von denen im folgenden die Rede sein wird, haben diesen Umstand schon berücksichtigt.

Die Frage nach der Art und Weise der Anfallsauslösung bei Menschen, die schon Asthma haben, ist einfach zu beantworten. Sie hat sich zunächst durch einfache Beobachtung von Smog-Situationen ergeben. An Inhalationsexperimenten mit Freiwilligen konnte dann die Wirkung aller Leitsubstanzen als Anfallsauslöser für Asthma klar gezeigt werden: dies zeigte sich für Schwefeldioxyd (SO_2), Stickoxyde (NO), die verschiedenen Stäube und, nicht ganz so deutlich, für reines Ozon (O_3). Für diese genannten Luftschadstoffe gilt, daß – wenn sie nicht in Innenräumen entstehen (offener Kamin, defekte Zimmeröfen) – ihre Konzentration innerhalb der Wohnung geringer ist als in der Außenluft. Dabei lassen sich keine regelhaften Zusammenhänge zwischen Innen- und Außenluftkonzentrationen feststellen.

Die Förderung einer Asthmaerkrankung durch Luftschadstoffe läßt sich einmal durch den Gesamteffekt belegen. So gibt es Untersuchungen von den verschiedensten Orten der Welt (Japan, Europa, Nord- und Südamerika), die zeigen, daß komplexe Schadstoffbelastungen (Verbrennungsabgase einschließlich Straßenverkehr, mit oder ohne Ozon-Entstehung) zu einem häufigeren Entstehen von Asthma führen. Die Studien haben darüber hinaus auch einige Aufschlüsse darüber vermittelt, wie dies zustande kommt. Wir erinnern uns, daß kindliches Asthma ja im wesentlichen durch Allergien verursacht wird. Als in Japan untersucht wurde, warum die Zedernpollen-Allergie in den 80er Jahren insgesamt deutlich zugenommen hat, ist zum erstenmal klar gezeigt worden, daß bei gleich hoher Pollenbelastung die zusätzliche Belastung mit Verkehrsabgasen zu einer deutlich häufigeren Allergisierung führt. Ähnliche Befunde sind mittlerweile auch in westdeutschen Großstädten erhoben worden.

Nimmt man für die Belastung mit Verkehrsabgasen die personennah gemessene NO_2-Belastung als Maßstab, so hat sich weiter ergeben, daß auch in den Bereichen, die insgesamt für noch erträglich angesehen werden, sich bei genauem Nachsehen bei Kindern aus Allergikerfamilien doch Veränderungen nachweisen lassen. Es sind dies nur durch die Lungenfunktionsmessung feststellbare, vom Durchschnitt leicht nach unten abweichende Werte und das häufigere Neuauftreten von asthmatypischen Symptomen. Solche Befunde sind in verschiedenen Ländern Westeuropas erhoben worden und zeigen, daß die wünschenswerten Grenzen der Luftbelastung durch die Einführung des Katalysators noch lange nicht erreicht sind.

Ozon

Das bodennahe Ozon entsteht in den Sommermonaten durch die hohe einfallende Lichtenergie. Verkehrsabgase dienen hierbei als Katalysatoren, d. h. als Reaktionsbeschleuniger. Diese Reaktionsbeschleunigung betrifft sowohl die Reaktionsvorgänge von Luftsauerstoff zu Ozon als auch die vom Ozon zum Luftsauerstoff; das heißt, der Zerfall des Ozons wird gleichermaßen beschleunigt. Deswegen beobachtet man das scheinbare Paradox, daß in der Gegend der höchsten Verkehrsemissionen recht niedrige Ozonwerte gemessen werden. Zweierlei ist hierbei jedoch zu bedenken: Das eine ist die rasche Verteilung des Ozons weg von seinem Entstehungsort, was nichts anderes bedeutet als daß auch straßenverkehrsfernes Ozon letztlich doch etwas mit dem Straßenverkehr zu tun hat. Das Ozon wiederum ist nur die gemessene Leitsubstanz für die Bildung von sogenannten *Photo-Oxydantien*, d. h. gewebszerstörenden Substanzen, die unter Lichteinfluß entstehen. Unter Mitwirkung von Verkehrsabgasen entstehen nämlich zum Teil wesentlich aggressivere Photo-Oxydantien, als es das Ozon selbst ist.

Was tut nun das Ozon? Es hat in sehr hohen Konzentrationen die bekannten Nebenwirkungen, alle Schleimhäute, auch z. B. die des Auges, zu reizen und zu Konzentrationsstörungen zu führen. An der Lunge jedoch können schon mittlere Konzentrationen – in dem Bereich, ab dem zur Zeit die Empfehlungen zur Vermeidung großer körperlicher Anstrengungen ausgesprochen werden (180 $\mu g/m^3$) –, zu sogenannten *restriktiven Lungenfunktionsbeeinträchtigungen* führen. Was nichts anderes bedeutet, als daß vorübergehend nicht so tief eingeatmet werden kann, wie dies normalerweise der Fall ist. Diese Veränderungen betreffen nicht nur Menschen mit Lungenproblemen, sondern auch Lungengesunde. Sie sind bei kurzfristigen Einwirkungen aber vollkommen rückbildungsfähig, betrachtet man die Ergebnisse von Erwachsenen aus sogenannten *Klimakammer-Un-*

tersuchungen und die Untersuchungen von Schulkindern in Sommerlagern im Hochgebirge.

Untersuchungen, ob sich die Ozonwerte heutzutage, – die tendenziell höher sind als früher und auch pro Tag und pro Sommer länger anhalten –, auf die Lungenentwicklung bei Kindern auswirken, sind augenblicklich noch im Gange. Unabhängig von diesen, möglicherweise noch deprimierenderen Ergebnissen sollte wegen der Akuteffekte des Ozons im Sommer der Autoverkehr möglichst vermindert werden. In einem geschlossenen Raum gehen zwar innerhalb einer Stunde nach dem Schließen der Fenster die Ozonwerte auf Null, aber gerade Kinder wollen ja in der Sommerzeit an die „frische Luft".

Rauchen

Daß Tabakrauch Asthmaanfälle auslöst, ist eine einfache Lebenserfahrung. Es verwundert daher auch nicht, daß unter den Rauchern selbst weniger Asthmatiker gefunden werden als unter Nichtrauchern. Dies ist kein Beweis für die Unschädlichkeit des Rauchens, sondern für die Vernunft von Menschen mit Asthma, die mit dem Rauchen Schluß gemacht haben und übrigens auch in ihrer Umgebung durchschnittlich viel häufiger durchgesetzt haben, daß nicht mehr geraucht wird.

Im Blick auf die Kinder ist wiederum wichtig zu wissen, ob Rauchen zur Entstehung von Asthma beiträgt. Dies ist eindeutig zu bejahen. In den neuesten Untersuchungen, die das Rauchen in der

Schwangerschaft erfragt und mit der späteren Lungenfunktion in Zusammenhang gebracht haben, ist ablesbar, daß Kinder rauchender Schwangerer durchschnittlich eine schlechtere Lungenfunktion haben. Nach der Geburt ist das Rauchen mit häufigeren Allergien wie auch mit der Entstehung von Asthma verbunden. In Familien von Schulkindern mit Asthma wird dann schon wieder weniger geraucht, weil die schädliche Wirkung auf das Kind ganz offensichtlich geworden ist.

Will man die Effekte des Rauchens vergleichen mit denjenigen, die durch die übrigen Luftschadstoffe entstehen, so ist dieser Vergleich natürlich wegen der Komplexität aller Einflüsse sehr schwierig. Überschlagsmäßig kann man aber davon ausgehen, daß das durchschnittliche Passivrauchen einen mindestens ebenso schädlichen Einfluß hat wie die heutzutage anzutreffende Belastung der Atemluft außerhalb der Wohnung.

Was kann man tun?

Wenn man eine Rangliste der einfachsten und wirkungsvollsten Maßnahmen aufstellen sollte, so würde man zunächst das Rauchen in der Familie, dann das Rauchen in öffentlichen Gebäuden – hierzu gehören auch Gaststätten – beenden wollen.

Bei dem gegenwärtigen Stand der Außenluftbelastung müßten danach die Maßnahmen folgen, die die Entstehung von Ozon verringern. Dazu zählt zum einem alles, was eine Vergrößerung der

Ozonlöcher in der hohen Atmosphäre vermeiden hilft, damit die auf die Erde auftreffende Lichtenergie wieder verkleinert wird; zum anderen die Vermeidung unnötiger Verbrennungsvorgänge, insbesondere der im Verkehrsbereich.

Konkret bedeutet das die Einschränkung des Verkehrs mit Verbrennungsmotoren auf das absolut Notwendige. Damit wäre gleichzeitig, würde dieses Verhalten über das ganze Jahr beibehalten, die Hauptquelle für NO_2 vermindert. Darüber hinaus sollten die erreichten Fortschritte im Bereich der industriellen Abgasreinigung mindestens erhalten bzw. mittelfristig in den noch nicht umgestellten Anlagen erzielt werden.

Das sollten Sie wissen

- Passiv-Rauchen beeinträchtigt hierzulande die Lungengesundheit von Kindern mindestens so stark wie alle anderen Luftschadstoffe zusammen!
- NO_2, SO_2 und Stäube beeinträchtigen – abgesehen von Smog-Situationen – praktisch nur empfindliche Personen (Asthmatiker).
- Ozon beeinträchtigt auch Gesunde!

Das sollten Sie tun

- **Nicht rauchen!**
- **Wenig Autofahren! Auto-Abgase sind die entscheidenden, von Menschen verursachten Reaktionsbeschleuniger für das Entstehen bodennahen Ozons (NO_2, flüchtige Kohlenwasserstoffe).**
- **Die Emissionen von Heiz- und Industrieanlagen weiter senken (NO_2, SO_2, Stäube).**

Seltene Notfälle

In diesem Kapitel wollen wir die glücklicherweise selten eintretenden Ereignisse besprechen, die mit Lebensgefahr verbunden sind oder bei denen sich – wie bei der Rauchvergiftung – nicht gleich im ersten Moment die Gefährdung erkennen läßt.

Rauchvergiftung

Kinder können sich bei Bränden weniger leicht als Erwachsene vom Brandherd entfernen. Sie atmen, vor allem bei Aufregung, gemessen an ihrem Körpergewicht größere Luftvolumina als Erwachsene, so daß Beeinträchtigungen durch die bei Bränden bestehenden Reizgase bei Kindern eher auftreten als bei Erwachsenen.

Das Heimtückische an Rauchvergiftungen ist, daß in den ersten Stunden nach der Einatmung der Reizgase die Atmung vollständig unbeeinträchtigt sein kann. Erst danach, wenn die Reaktion des Körpers einsetzt, treten Beschwerden auf, die dann oft schon Zeichen lebensgefährlicher Atemprobleme sind. Die Brandgase führen nämlich zu Veränderungen an den Lungenbläschen, so daß deren Wände durchlässig werden für die Flüssigkeit des vorbeifließenden Blutes. Die Lungenbläschen füllen sich und es kommt zum inneren Ersticken, dem *Lungenödem*. Dies ist, wenn es erst einmal eingetreten ist, sehr schwer zu behandeln.

Oberstes Ziel muß daher die Vermeidung eines derartigen Lungenschadens sein. Das heißt:

Jedes Kind, das in der Nähe eines Brandherdes gefunden wird, muß unbedingt gleich zum Arzt gebracht werden, auch wenn es vollständig unbeeinträchtigt erscheint!

Es kann dort nämlich mit einer einmaligen Gabe von Cortison, bei großen Kindern durch Inhalation, sonst durch Einnahme, einem Lungenödem recht zuverlässig vorgebeugt werden. Auch für den Fall, daß diese Maßnahme „umsonst" erfolgt sein sollte, so ist doch von einer einmaligen Cortisongabe keinerlei Nachteil für das Kind zu erwarten.

Entsprechendes gilt für andere, die Luftwege reizende Gase, z. B. für flüchtige Säuren, wie sie unter Umständen bei der Haushaltsreinigung entstehen (Salzsäure oder Phosphorsäure beim Entkalken oder unzulässige Vermengung von Haushaltsreinigern, die Laugen und Hypochlorid enthalten).

Das müssen Sie wissen

Reizgase (Verbrennungen, Chlorgas) zeigen ihre gefährliche Wirkung erst nach Stunden.

Das müssen Sie tun

Kinder, die Reizgasen ausgesetzt waren, sofort in die Klinik oder zum Arzt bringen!

Ertrinken

Für Kinder vor dem Kindergartenalter ist das Risiko des Ertrinkens am größten. Das Besondere hierbei ist, daß sich dabei zunächst nicht, wie man vielleicht annehmen könnte, die Lunge vollständig mit Wasser füllt, da sich der Kehlkopf durch einen Reflex dicht verschließt, noch bevor eine große Menge Wasser eingeatmet werden kann. Daneben tritt jedoch noch ein weiterer Reflex ein, vor allem wenn Kinder in kaltes Wasser fallen. Der Körper schaltet dann reflektorisch auf den allernötigsten Energieverbrauch zurück, so daß die in den Geweben vorhandene Energie ohne Sauerstoffzufuhr länger vorhält als in aktivem Zustand. Noch dazu wird ein Kind bei sehr kaltem Wasser durch seine große Körperoberfläche sehr rasch ausgekühlt; ein weiterer Grund, daß die Aussichten des Kindes, ohne Schäden zu überleben, in solchen Fällen etwas besser sind.

Wir sehen also, daß der Körper des Kindes in der Situation des Ertrinkens eine ganze Reihe sinnvoller Reaktionen kennt, um von sich aus ein Überleben zu sichern. Umso wichtiger ist es, die *Herz-Lungen-Wiederbelebung* zu kennen und ausführen zu können, die sich schon in vielen Fällen als lebensrettend erwiesen hat.

Herz-Lungen-Wiederbelebung

Wann immer ein Mensch klinisch tot ist, das heißt ohne Herz- und Atemtätigkeit aufgefunden wird und noch keine sicheren Todeszeichen, wie z.B. die Leichenstarre, aufweist, sollte eine Herz-Lungen-Wiederbelebung versucht werden. Werden diese Maßnahmen ohne Hilfsmittel unternommen, können sie allerdings immer nur eine Überbrückung darstellen, bis ärztliche Hilfe, das heißt der Notarzt mit dem optimalen Instrumentarium am Platze ist.

Bei mehreren Helfern wird daher eine der ersten Maßnahmen darin bestehen, einen Notarzt anzufordern mit möglichst präzisen Angaben über die Art des Unfalls, die Zahl der betroffenen Personen, den Ort des Geschehens usw. Bei unübersichtlichen Straßen- und Gebäudeverhältnissen ist es ratsam, eine Person zur Einweisung des Notarztes und der Rettungssanitäter gut sichtbar aufzustellen.

Bitte berücksichtigen Sie auch folgendes: *Die nachfolgende Beschreibung der Herz-Lungen-Wiederbelebung kann kein Ersatz für die praktische Einübung dieser Maßnahme sein.* Erkundigen Sie sich bitte beim Deutschen Roten Kreuz oder bei anderen Hilfs- und Rettungsorganisationen, wo solche Übungen durchgeführt werden. Sie werden Ihre dort erworbenen Kenntnisse jedoch sehr wahrscheinlich eher an Erwachsenen als an Kindern anwenden müssen.

Die prinzipiellen Schritte sind:
1) Feststellung von Herz- und Atemstillstand
2) Atemwege freimachen
3) Beatmen
4) Herzmassage

Das Vorgehen im einzelnen:
Fehlende *Atmung* ist sofort durch die Bewegungslosigkeit von Brustkorb und Bauch (kleine Kinder sind Bauchatmer) festzustellen. Da der *Herzschlag* nur dann wirkungsvoll ist, wenn er eine gute Hirndurchblutung gewährleistet, tasten oder fühlen wir den Puls mit zwei Fingern an der Halsschlagader, unterhalb des Kieferwinkels vor dem schrägen Halswendemuskel.

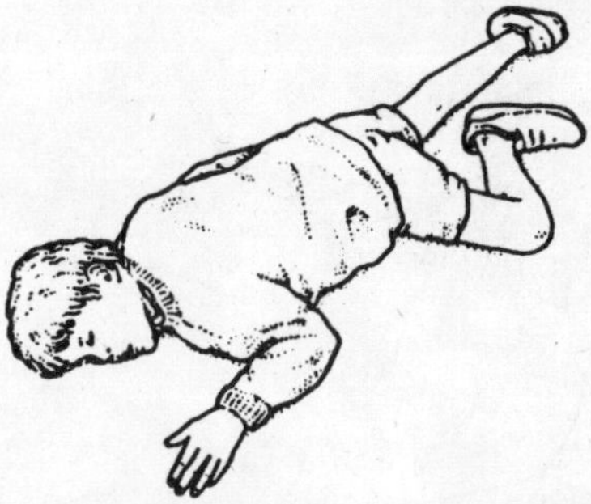

Abb. 11: Stabile Seitenlage beim bewußtlosen Kind

Sind zwar Puls und Atmung vorhanden, jedoch kein Bewußtsein, so wird der Betroffene in die *stabile Seitenlage* gebracht, so daß seine Atemwege freibleiben, und sorgfältig beobachtet, ob Puls und regelmäßige Atmung bestehen bleiben.

Fehlen Puls und Atmung, so muß unmittelbar mit der Wiederbelebung begonnen werden. Die Atemwege werden möglichst in *Kopftieflage* und mit zum Boden geneigtem Gesicht durch Auswischen des Mundes mit dem Finger gereinigt, bei kleinen Kindern auch durch Aussaugen der Nase mit dem eigenen Mund. Danach wird der Patient auf den Rücken gedreht. Er muß auf einer harten Unterlage liegen.

Zunächst muß die verbrauchte Luft aus den Lungen entfernt, das heißt beatmet werden. Der Kopf wird zu diesem Zweck nach hinten gebeugt, das heißt überstreckt. Damit ist garantiert, daß die Zunge nicht im Rachen hinten vor den Kehlkopf fällt.

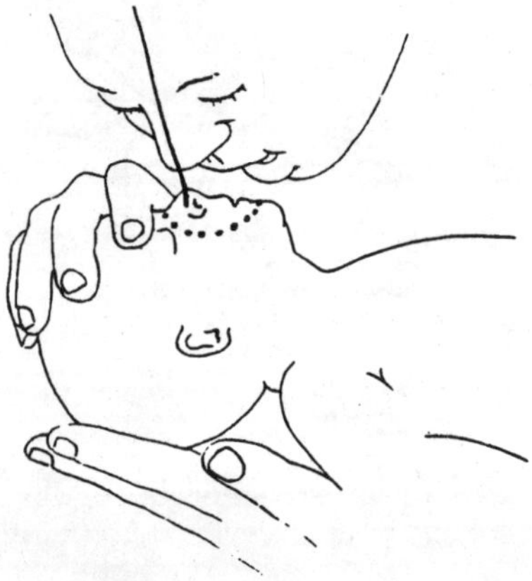

Abb. 12: Mund-zu-Mund-Beatmung

Bei kleinen Kindern wird *Mund-zu-Mund plus Nase*, bei größeren Kindern wie auch bei Erwachsenen *Mund-zu-Nase* beatmet und zwar mit der

Geschwindigkeit einer normalen Ausatmung und ohne zu festes Blasen. Bei zu festem Blasen geht die Luft nämlich nicht nur in die Lunge, sondern gelangt auch teilweise in den Magen und behindert das weitere Beatmen.

Während der Beatmung sollte der Blick auf den Brustkorb gerichtet sein. Bei völlig fehlender Bewegung des Brustkorbs muß an einen hochsitzenden, Kehlkopf- oder Luftröhre verschließenden Fremdkörper gedacht werden. Es sollte dann noch einmal die Mundhöhle und der Rachen eingesehen und gegebenenfalls auch noch einmal versucht werden, den Fremdkörper durch das sogenannte *Heimlich-Manöver* zu entfernen.

Abb. 13: Heimlich-Handgriff beim stehenden Kind

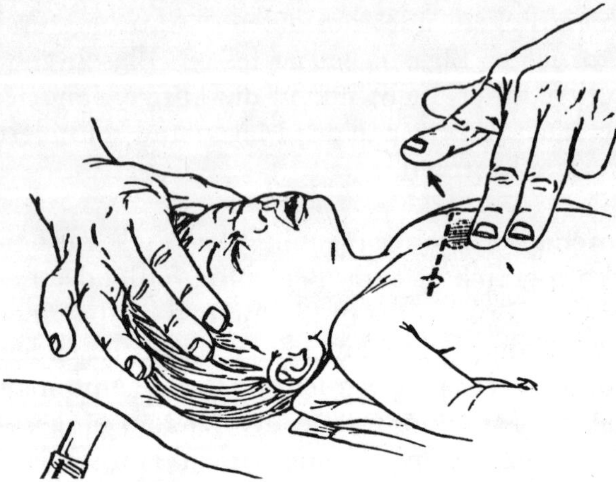

Abb. 14a: Herzmassage. Aufsuchen des Druckpunktes

Bei der allerersten Beatmung wird zweimal beatmet, danach einmal nach jeweils fünf Herzdruckmassagen. Je kleiner das Kind, desto schneller ist die Herzdruckmassage (bei Säuglingen 100 mal pro Minute) durchzuführen. Die Unterkante der Hand soll dabei knapp unterhalb der Verbindungslinie der beiden Brustwarzen liegen und der Brustkorb um ein Drittel seines normalen Durchmessers von vorne nach hinten zusammengedrückt werden. Keine Angst: Wegen der Weichheit der Knorpelverbindungen beim Kind ist kein Abbrechen der Rippen zu befürchten.

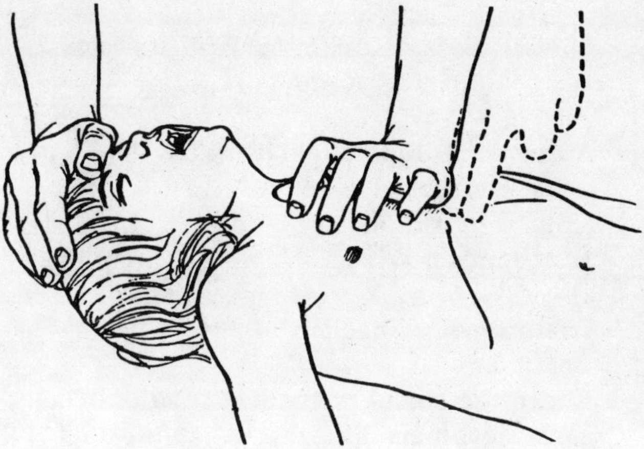

Abb. 14b: Durchführung der Herzmassage

Trotzdem ist die Herz-Lungen-Wiederbelebung eine belastende Maßnahme. Es muß daher nach jeder Minute geprüft werden, ob nicht der Herzschlag und/oder die Atmung schon wieder selbsttätig funktionieren. Wenn nicht, muß mit der Herz-Lungen-Wiederbelebung fortgefahren werden, bis der Notarzt zur Stelle ist und die Maßnahmen fortführt.

Das sollten Sie wissen, wenn Sie ein lebloses Kind vorfinden

- Atem- und Pulstätigkeit feststellen; möglichst gleichzeitig den
- Notarzt verständigen und diesen einweisen
- Herz-Lungen-Wiederbelebung durchführen, also

1. Atemwege freimachen
2. Beatmen
3. Kontrollieren, ob sich der Brustkorb hebt, sonst nochmals die Atemwege untersuchen.
4. Herzmassage und Beatmen im Wechsel

Schlußwort

Nach oder bei der Lektüre dieses Buches könnte den Leser oder die Leserin ein merkwürdiges Gefühl beschleichen: Nämlich daß das Leben unserer Kinder unsicher ist, bedroht von Krankheit, verschmutzter Umwelt und Tod. Diese Dinge kommen vor, sie sind zweifelsohne vorhanden, glücklicherweise bestimmen sie aber nicht das Leben eines Durchschnittskindes in unseren Breitengraden.

Ein heute geborenes Kind hat im Vergleich zu der Zeit vor hundert Jahren eine nahezu verdoppelte Lebenserwartung. Die meisten Krankheiten können den heutigen Menschen deswegen so wenig anhaben, weil es ihnen so gut geht. Unterernährung und zu harte körperliche Arbeit kommen heute fast nicht mehr vor. Deshalb spielt zum Beispiel die Tuberkulose zahlenmäßig keine große Rolle mehr unter den Infektionskrankheiten. Sicherheitshalber suchen wir Ärzte allerdings immer noch bei Kindern und Erwachenen mit Lungenerkrankungen nach Anzeichen für eine vielleicht doch vorhandene Tuberkuloseinfektion, da zu Beginn dieser Erkrankung eine Heilung meist problemlos möglich ist – ganz im Gegensatz zu früher.

Andere Erkrankungen sind durch wirksame Impfungen fast ganz verschwunden. Kaum einer kennt noch Menschen, die Kinderlähmung oder Masern durchgemacht und davon einen schweren Gesundheitsschaden zurückbehalten haben. Daher ist das eigentliche Ziel einer Impfung vielen Menschen nicht mehr bewußt, ihre Sorge richtet sich vielmehr auf mögliche Impfnebenwirkungen. Obwohl diese insgesamt gering sind, wird an einer Verbesserung der Impfstoffe noch immer gearbeitet.

Wir leben also in einer Zeit und in einem Land, in dem es uns zumindest materiell nicht schlecht geht. Dies wollen wir uns erhalten und in guter Gesundheit erleben können. Verständlich ist daher auch der allgemeine Wunsch, unsere Kinder in einer möglichst schadstoffarmen Umwelt aufwachsen zu sehen. Es ist das gute Recht von Eltern, sich über Umweltverschmutzung zu empören und ihre Pflicht, im Interesse der Kinder etwas gegen bestehende Mißstände zu unternehmen. Bei solchen Gegelgenheiten haben wir Erwachsenen jeweils sehr realistische Vorstellungen von der Art und dem Ausmaß der jeweiligen Gefährdung, wir haben konkrete Befürchtungen und die Möglichkeit etwas dagegen zu unternehmen. Doch sollten wir bei aller notwendigen Aktivität auch bedenken: Für kleine Kinder besteht diese Möglichkeit nicht unmittelbar. Erwachsenen-„Gerede" beispielsweise über „verdreckte Luft" und „vergiftete Lebensmittel" erzeugen bei ihnen nur Angst, Zukunftspessimismus und Lähmung.

Für Kinder ist es wichtig, die richtigen Verhaltensweisen nicht aus Angst vor den Folgen der „falschen" Verhaltensweisen zu erlernen, sondern deswegen, weil die richtigen Verhaltensweisen Spaß machen. Zum Beispiel bieten öffentliche Verkehrsmittel in der Regelmehr Bewegungsmöglichkeiten während des Fahrens als das Auto, auch wenn dadurch die Dauer des Unterwegsseins etwas länger sein mag. Kinder lieben beispielsweise an freien Tagen eher wohnungsnahe, kleine Unternehmungen mit Freunden als Autoausfahrten zu den sogenannten „beliebten Naherholungsgebieten". Auch Erwachsene können, wenn sie nicht ständig „auf Achse" sind, wie die Kinder Spaß daran haben, in der Nachbarschaft oder Gemeinde etwas mit ihren Freunden und Bekannten zu unternehmen.

Mit zunehmenden Alter werden alle Kinder ihren Eltern Fragen stellen, warum diese bestimmte Dinge tun oder nicht tun. Da wir Erwachsenen ja keinesfalls in allen Dingen immer das beste Vorbild abgeben, geben uns unsere Kinder damit nochmals eine Chance, unsere eigenen Einstellungen und Verhaltensweisen zu überdenken. Wir sollten, ja müssen unsere Kinder ernstnehmen, denn Kinder denken natürlich und praktisch und haben einen selbstverständlichen Anspruch auf eine gesunde Zukunft.

Wichtige Adressen in Deutschland, Österreich und in der Schweiz

Deutschland

Bund der Allergiker und Asthmatiker in
Deutschland e.V.
Wilhelm-Pieck-Str. 178
10115 Berlin

Eltern beraten Eltern von Kindern
mit und ohne Behinderung e. V.
Gritznerstr. 18/20
Haus der Patmos Gemeinde
12163 Berlin
☏ 0 30/8 21 67 11

Eltern helfen Eltern
Konrad Schmidt
Briseweg 1a
16565 Lehnitz
☏ 03 31/86 14 37

Deutscher Allergie- und Asthmabund
Bundesgeschäftsstelle
Schloßmühlendamm 14
21073 Hamburg
☏ 0 40/7 65 87 36

Deutsche Atemwegsliga e.V.
Burgstr. 12
33175 Bad Lippspringe
☏ 0 52 52/95 45 05

Deutsche Arbeitsgemeinschaft
Selbsthilfegruppen e.V.
Friedrichstr. 28
35392 Gießen
☏ 06 41/7 02 24 78

Arbeitsgemeinschaft allergiekrankes Kind
Hilfen für Kinder mit Asthma,
Ekzem oder Heuschnupfen (AaK) e.V.
Bundesgeschäftsstelle
Hauptstr. 29
35745 Herborn
☏ 0 27 72/9 28 70

Deutsche Gesellschaft
f. Lungen- und Atmungsforschung e.V.
Hunscheidtstr. 12
44789 Bochum
☏ 02 34/31 63 70

Patientenliga Atemwegserkrankungen e.V.
Geschäftsstelle
Wormser Str. 81
55276 Oppenheim
☏ 0 61 33/20 23

Kontakt- und Informationsstelle
für Selbsthilfegruppen (KISS)
Marienstr. 9
70178 Stuttgart
☏ 07 11/6 40 61 17

Allergiker- und Asthmatikerbund e.V.
Ortsverband Erfurt
Corneliahausburg
Seidelbartweg 64
99 097 Erfurt
☏ 03 61/41 54 81

Der Pollen-Informationsdienst (PID) ist bundesweit unter der Rufnummer 01 90/11 54 80 zu erreichen. Informationen aus den einzelnen Bundesländern gibt es unter den folgenden Rufnummern.

Schleswig-Holstein:	01 90/11 54 81
Hamburg:	01 90/11 54 82
Niedersachsen, Bremen:	01 90/11 54 83
Mecklenburg-Vorpommern:	01 90/11 54 84
Nordrhein-Westfalen:	01 90/11 54 85
Hessen:	01 90/11 54 86
Berlin, Brandenburg:	01 90/11 54 87
Sachsen-Anhalt:	01 90/11 54 88
Thüringen:	01 90/11 54 89
Sachsen:	01 90/11 54 90
Saarland:	01 90/11 54 91
Rheinland-Pfalz:	01 90/11 54 92
Baden-Württemberg:	01 90/11 54 93
Bayern:	01 90/11 54 94

Österreich

NÖ Hilfswerk – Familien- und Kindertreff
Wiener Str. 12
3002 Purkersdorf
☏ 0 22 31/58 10

Dachverband der OÖ Selbsthilfegruppen im Gesundheitsbereich
Figulystr. 4A
4020 Linz
☏ 07 32/66 34 21

Asthma-Selbsthilfegruppe
Grabenstr. 18
8010 Graz
☏ 03 16/68 13 25

Elterngruppe Allergisches Kind
Lidmanskygasse 8/2
9020 Klagenfurt
☏ 04 63/50 48 71/51 (DW)

Schweiz

Alpine Kinderklinik
Scalettastr. 5
Postfach
7270 Davos-Platz
☏ 0 81/44 13 13

Team Selbsthilfe Zürich
Vermittlung von Selbsthilfegruppen, Beratung
Dolderstr. 18
Postfach
8032 Zürich
☏ 01/2 52 30 36

Vereinigung Das Band
Selbsthilfeorganisation für jugendliche
und erwachsene Asthmapatienten und
andere Atemwegserkrankte
Gryphenhübeliweg 40
Postfach
3000 Bern 6
☏ 031 44 11 38